Alexander Kraus
Olivia Zeier

Die schnelle Stunde

Katholische Religion – Klasse 3 / 4

33 originelle Unterrichtsstunden ganz ohne Vorbereitung

Auer

Gedruckt auf umweltbewusst gefertigtem, chlorfrei gebleichtem und alterungsbeständigem Papier.

1. Auflage 2014
Nach den seit 2006 amtlich gültigen Regelungen der Rechtschreibung

Coverillustration: Julia Flasche
Illustrationen: Corina Beurenmeister, Icon in der Kopfzeile: Julia Flasche
Satz: Druckerei Joh. Walch, Augsburg
Druck und Bindung: Druckerei Joh. Walch, Augsburg
ISBN 978-3-403-**07445**-8

www.auer-verlag.de

Inhaltsverzeichnis

Vorwort

Liebe Kolleginnen und Kollegen,

Sie kennen die Situationen, in denen Sie spontan und ohne große Vorbereitungszeit Unterrichtsstunden aus dem Ärmel schütteln müssen.

Im vorliegenden Band in der Reihe „Die schnelle Stunde" werden Materialien und Stundenkonzepte für den Religionsunterricht vorgestellt, die keiner großen Vorbereitung bedürfen. Der Band ist besonders geeignet für Vertretungsstunden oder Einzelstunden (die Sie im eigenen Fach oder fachfremd oder in unbekannten Klassen unterrichten), ohne großen Aufwand und ohne Vorbereitungszeit, oder aber auch als Ideen- und Materialpool für Ihren eigenen Unterricht. Die Materialien sind sofort einsetzbar – gehen Sie aber ruhig auch kreativ damit um und ändern sowie passen Sie diese für sich und ihre Schüler[1] an.

Die einzelnen Vorschläge orientieren sich an einem erfahrungsorientierten Religionsunterricht, der vor allem die Schüler mit ihren Gefühlen, Wünschen und Lebensfragen in den Blick nimmt.

Für eine Orientierung auf einen Blick sind alle Stunden nach dem gleichen Schema aufgebaut. Dieses Schema findet sich immer kompakt auf einer Seite und enthält Angaben zu Klassenstufe, Dauer, Material, Lernzielen und zur Vorbereitung, beschreiben den Ablauf der Stunde, stellen Varianten vor und geben Tipps. Wo notwendig, sind auch Lösungen aufgeführt sowie in einzelnen Fällen wichtige weiterführende bzw. vertiefende Informationen.

Zur besseren Veranschaulichung und für den schnelleren Überblick werden Icons verwendet:

Klassenstufe

Vorbereitung

Lösung

Dauer

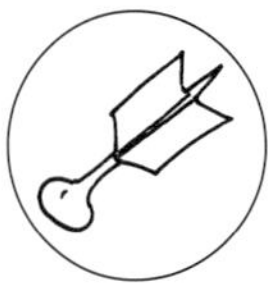
Durchführung

Weiterführende Informationen

Material

Varianten

Lernziel

Tipps

Alle Stunden enthalten mindestens ein zusätzliches Arbeitsblatt zum Kopieren, diese(s) folgt / folgen immer direkt auf das Stundenbild. Die Einheiten sind auf eine Unterrichtsstunde angelegt; einige können auf zwei Stunden ausgedehnt oder aber auch erweitert werden.

Wir wünschen Ihnen und Ihren Schülern viel Freude und Erfolg mit den Materialien dieses Bandes.

Alexander Kraus Olivia Zeier

---

[1] Aufgrund der besseren Lesbarkeit ist in diesem Buch mit Schüler auch immer Schülerin gemeint, ebenso verhält es sich mit Lehrer und Lehrerin etc.

Anfangsbuchstabe einer handgeschriebenen Bibel

3. Klasse | 45 min | Arbeitsblatt

Die Schüler erfahren dass vor der Erfindung des Buchdrucks Bibeln von Hand abgeschrieben wurden.
Die Schüler erfahren, wie es ist, einen Anfangsbuchstaben zu verzieren und einen Text von Hand schön abzuschreiben.

Arbeitsblatt auf DIN A3 vergrößert kopieren und in 2 DIN-A4-Blätter teilen (Bilder mit den Anfangsbuchstaben dabei evtl. auf Folie), evtl. Bibeltext zum Abschreiben vergrößern und als Folie kopieren oder den Text an die Tafel schreiben, Bilder von Mönch / Nonne bereitstellen bzw. Illustrationen größer kopieren

- Der Lehrer zeigt Bild von Nonne oder Mönch als stillen Impuls.
- Lehrer: „Welche Tätigkeiten führen Nonnen und Mönche aus?"
- Die Schüler stellen Vermutungen an: beten, singen, Gottesdienste feiern, Schüler unterrichten, Theologie studieren, in der Landwirtschaft arbeiten, Wein anbauen, Bier brauen, Gasthäuser betreiben, Ratsuchenden helfen, Armen etwas zu essen geben, Pilgern einen Ort zum Schlafen geben, Bibel lesen, Kranke pflegen.
- Der Lehrer führt aus, dass früher, im Mittelalter, bevor es den Buchdruck oder die Elektrizität gab, die Ordensleute noch weitere Tätigkeiten hatten. Eine ganz wichtige war das Abschreiben der Bibel: „Vor dem Buchdruck war es nicht so, dass man in einen Buchladen gehen konnte, um sich ein Buch zu kaufen. Wenn das Kloster eine neue Bibel brauchte, schrieben einer oder mehrere Mönche, die ganze Bibel von Hand ab. Das war eine sehr zeitaufwendige und anstrengende Arbeit. Da die Bibel unser heiliges Buch ist, wollten die Mönche diese Bibeln auch möglichst schön gestalten und sie haben sie auch verziert. Zum Beispiel haben sie die Anfangsbuchstaben einzelner Kapitel groß gezeichnet und schön dekoriert."
- Der Lehrer zeigt Bilder mit Beispielen solcher Anfangsbuchstaben.
- Der Lehrer teilt das Arbeitsblatt aus und gibt den Auftrag: „Verziert dieses A und schreibt dann den Text ab."
- Fünf Minuten vor Schluss der Stunde werden alle Blätter ausgestellt und gemeinsam betrachtet.

> Am Anfang, vor aller Zeit, schuf Gott Himmel und Erde. Die Erde war aber noch wüst und leer. Es herrschte eine tiefe Dunkelheit und der Geist Gottes schwebte über der Erde, die mit Wasser bedeckt war.
>
> *(nach Gen 1,1–2)*

Anfangsbuchstabe einer handgeschriebenen Bibel

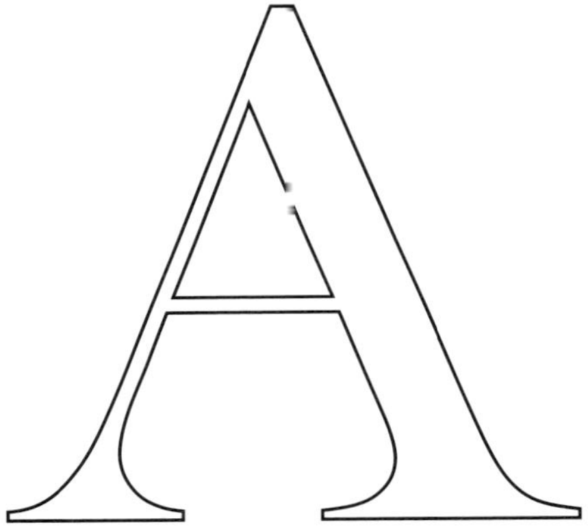

Anfangsbuchstabe einer handgeschriebenen Bibel

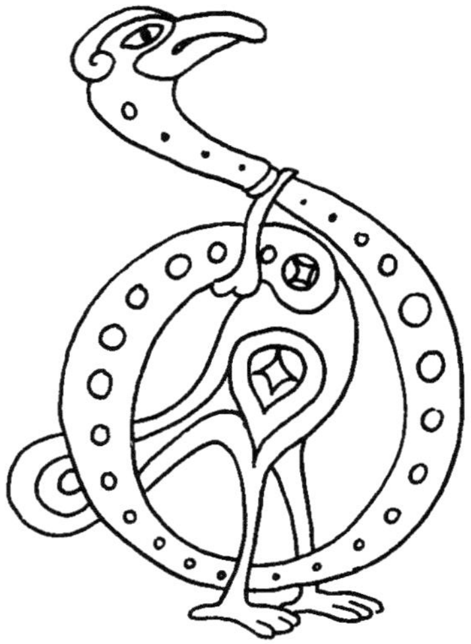

Alles hat seine Zeit

3./4. Klasse | 45 min | Arbeitsblatt, Stoppuhr/ Uhr mit Sekundenzeiger

Die Schüler erfahren, dass der gleiche Zeitraum sich unterschiedlich anfühlen kann.
Die Schüler setzen sich mit Sätzen aus Kohelet Kapitel 3 auseinander und übertragen zwei davon auf ihre Alltagssituation.

Arbeitsblatt auf DIN A3 vergrößert kopieren und in 2 DIN-A4-Blätter teilen

- Der Lehrer erklärt den Schülern: „Heute beschäftigen wir uns mit der Zeit. Ich gebe jetzt euch Aufgaben und jede Aufgabe müsst ihr genau eine Minute lang durchführen:
  - Steht alle auf und verteilt euch im Zimmer. Eure Aufgabe ist es, ruhig, und ohne zu rennen, im Zimmer umherzugehen. Ich sage Los und genau nach einer Minute sage ich Stopp.
  - Setzt euch wieder an euren Platz und wenn ich Los sage, sprecht ihr genau eine Minute lang mit eurem Banknachbarn bis ich Stopp rufe.
  - Nun sitzt ihr eine eine Minute lang ganz still an eurem Platz."
- Der Lehrer erklärt: „Jetzt ändern wir den Ablauf. Ich gebe euch die Aufgabe vor und dann schätzt ihr selbst ein, wann die eine Minute vorbei ist:
  - Schaut zum Fenster hinaus, ohne zu reden. Wenn ihr denkt, dass die eine Minute vorbei ist, schaut ihr zur Tafel. Ich stoppe die Zeit.
  - Steht alle auf und verteilt euch im Zimmer. Jetzt hüpft ihr eine Minute lang auf der Stelle. Wenn ihr denkt, dass die eine Minute vorbei ist, setzt ihr euch wieder an euren Platz. Ich stoppe die Zeit."
- In der Klasse wird besprochen: „Wie ist es euch ergangen? Was ist euch aufgefallen?" Fazit: „Eine Minute ist immer gleich lang, aber die eine Minute kommt uns unterschiedlich lange vor – je nach Tätigkeit, die wir ausüben."
- Der Lehrer teilt das erste DIN-A4-Arbeitsblatt aus.
- Die Schüler malen im Wimmelbild grün die Tätigkeiten an, bei welchen die Zeit für sie schnell vergeht, und rot die Tätigkeiten, bei welchen die Zeit für sie langsam vergeht.
- In der ersten Aufgabe auf dem zweiten Arbeitsblatt verbinden die Schüler die Tätigkeiten, die zusammengehören.
- Als Lösung liest der Lehrer den Bibeltext (Koh 3,1.2b.3b–7) vor: *Alles hat seine Stunde. Für jedes Geschehen unter dem Himmel gibt es eine bestimmte Zeit: eine Zeit zum Pflanzen und eine Zeit zum Abernten der Pflanzen, eine Zeit zum Niederreißen und eine Zeit zum Bauen, eine Zeit zum Weinen und eine Zeit zum Lachen, eine Zeit für die Klage und eine Zeit für den Tanz; eine Zeit zum Steinewerfen und eine Zeit zum Steinesammeln, eine Zeit zum Umarmen und eine Zeit, die Umarmung zu lösen, eine Zeit zum Suchen und eine Zeit zum Verlieren, eine Zeit zum Behalten und eine Zeit zum Wegwerfen, eine Zeit zum Zerreißen und eine Zeit zum Zusammennähen, eine Zeit zum Schweigen und eine Zeit zum Reden.*
- Die Schüler korrigieren ihre Linien beim Vorlesen.
- Bei der zweiten Aufgabe auf dem zweiten Arbeitsblatt machen sich die Schüler Gedanken zu drei bestimmten Sätzen: „Was bedeutet das für mich?"
- Die Schüler halten ihre Überlegungen auf der Rückseite des Arbeitsblattes zeichnerisch oder mit einfachen Sätzen fest.

Alles hat seine Zeit

Name: ____________ Datum: ____________

Male im Wimmelbild alle Tätigkeiten GRÜN an, bei denen für dich die Zeit ganz schnell vergeht.
Male im Wimmelbild alle Tätigkeiten ROT an, bei denen für dich die Zeit ganz langsam vergeht.

Alles hat seine Zeit

Name: ____________ Datum: ____________

In der Bibel steht: „Alles hat seine Stunde. Für jedes Geschehen unter dem Himmel gibt es eine bestimmte Zeit."
Verbinde die Tätigkeiten, die ein Paar bilden.

eine Zeit zum Pflanzen und	eine Zeit, die Umarmung zu lösen.
eine Zeit zum Niederreißen und	eine Zeit zum Lachen.
eine Zeit zum Weinen und	eine Zeit zum Verlieren.
eine Zeit für die Klage und	eine Zeit zum Reden.
eine Zeit zum Steinewerfen und	eine Zeit zum Bauen.
eine Zeit zum Umarmen und	eine Zeit zum Zusammennähen.
eine Zeit zum Suchen und	eine Zeit für den Tanz.
eine Zeit zum Behalten und	eine Zeit zum Abernten der Pflanzen.
eine Zeit zum Zerreißen und	eine Zeit zum Steinesammeln.
eine Zeit zum Schweigen und	eine Zeit zum Wegwerfen.

Was bedeuten diese Sätze für dich?
Male auf der Rückseite des Arbeitsblattes eine Zeichnung oder schreibe hin, was diese Sätze für dich heißen:

Eine Zeit zum Schweigen – eine Zeit zum Reden.
Eine Zeit zum Behalten – eine Zeit zum Wegwerfen.
Eine Zeit zum Weinen – eine Zeit zum Lachen.

Brüder und Schwestern – die gibt's auch in der Bibel

3./4. Klasse

45 min

Arbeitsblatt

Die Schüler tauschen sich über ihre Familiengeschichten aus und lernen interessante Geschwisterpaare in der Bibel kennen.

Arbeitsblatt kopieren

- Die Schüler erzählen in Partner- / Gruppenarbeit von ihren Geschwistern oder nennen für alle in der Klasse die Namen der Geschwister und sagen, ob diese älter oder jünger sind.
- Lehrer: „In der Bibel gibt es ganz viele Geschichte über Brüder und Schwestern, wie sie sich verhalten haben, was sie gemacht und zusammen erlebt haben."
- Der Lehrer teilt das Arbeitsblatt aus.
- Gemeinsam werden die fehlenden Namen erarbeitet. Bei Bedarf hilft der Lehrer: „Adam und Eva hatten Kinder ..., Abraham hatte zwei Söhne ..." usw.
- Die Schüler suchen im Wortgitter die Namen und kreisen sie ein.

- Eckenfragen: Schüler sich einer Ecke zuteilen lassen, je nach Antwort auf eine Frage: „Wer von euch hat 0, 1, 2, 3 oder mehr Geschwister? Wer von euch ist der Älteste, der Mittlere, der Jüngste oder ist allein?"
- kurz erklären, in welchem Zusammenhang die Namen in der Bibel Erwähnung finden.

V	A	B	S	B	L	T	X	U	C	V	W	W	V
R	E	L	C	M	E	Y	N	K	M	N	O	D	L
K	V	R	D	Z	A	I	R	A	M	O	P	J	I
L	N	X	L	W	F	M	V	I	L	E	P	S	K
Q	Y	Z	E	O	A	J	I	N	K	J	A	X	Q
I	M	H	F	G	R	B	R	J	H	A	Q	H	U
E	D	N	C	G	A	E	H	I	K	K	G	Y	R
K	J	F	O	B	S	S	N	G	I	O	Z	S	T
P	B	U	K	O	T	L	M	E	R	B	F	N	C
J	O	F	M	U	P	D	F	Q	R	U	E	O	S
A	K	E	W	V	P	E	T	R	U	S	D	P	C
O	A	X	G	H	S	A	X	B	C	I	O	B	D
I	J	Y	T	O	S	Z	A	W	V	J	Q	H	T
Z	N	H	J	Y	M	G	L	F	K	R	E	U	N

Lea und Rahel

Maria und Martha und Lazarus

Petrus und Andreas

Mose und Aaron und Miriam

Kain und Abel und Set

Jakob und Esau

Jakobus und Johannes

Isaak und Ismael

Josef und seine elf Brüder

Verlorener Sohn und sein Bruder

Brüder und Schwestern – die gibt's auch in der Bibel

Name: ____________________ Datum: ____________________

Fülle die Lücken mit den passenden Geschwistern.

_______________ und Rahel

_______________ und Martha und Lazarus

_______________ und Andreas

_______________ und Aaron und Miriam

_______________ und Abel und Set

_______________ und Esau

_______________ und Johannes

_______________ und Ismael

_______________ und seine elf Brüder

_______________ und sein Bruder

Suche die Namen im Wortgitter.

V	A	B	S	B	L	T	X	U	C	V	W	W	V
R	E	L	C	M	E	Y	N	K	M	N	O	D	L
K	V	R	D	Z	A	I	R	A	M	O	P	J	I
L	N	X	L	W	F	M	V	I	L	E	P	S	K
Q	Y	Z	E	O	A	J	I	N	K	J	A	X	Q
I	M	H	F	G	R	B	R	J	H	A	Q	H	U
E	D	N	C	G	A	E	H	I	K	K	G	Y	R
K	J	F	O	B	S	S	N	G	I	O	Z	S	T
P	B	U	K	O	T	L	M	E	R	B	F	N	C
J	O	F	M	U	P	D	F	Q	R	U	E	O	S
A	K	E	W	V	P	E	T	R	U	S	D	P	C
O	A	X	G	H	S	A	X	B	C	I	O	B	D
I	J	Y	T	O	S	Z	A	W	V	J	Q	H	T
Z	N	H	J	Y	M	G	L	F	K	R	E	U	N

Christentum, Judentum, Islam – ein Vergleich

4. Klasse

45 min

Arbeitsblatt

Die Schüler können vom christlichen, jüdischen und islamischen Glauben erzählen: Gebete, Bekenntnis, Feste und Feiertage, die Heilige Schrift, Versammlungsort, der Glaube an den einen Gott.

Arbeitsblatt kopieren

- Der Lehrer malt Symbole der drei monotheistischen Weltreligionen (Christentum: Kreuz, Islam: Halbmond, Judentum: Davidstern) an die Tafel:

- Die Schüler stellen Vermutungen über die Bedeutung der Symbole an.
- Die Schüler erzählen von ihren Erfahrungen mit Menschen anderer Religionen.
- Der Lehrer ergänzt evtl. Symbole der andere Religionen (Buddhismus: Rad, Hinduismus: Om-Zeichen):

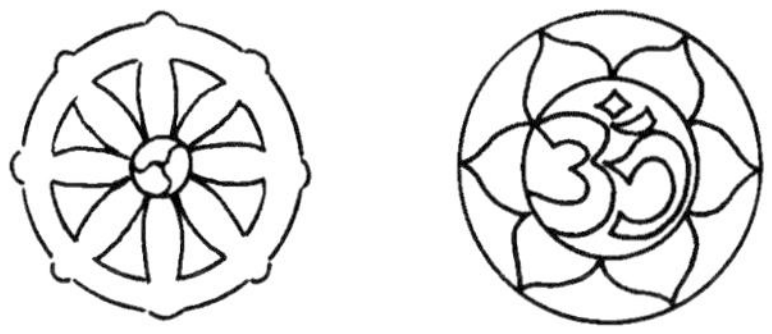

- Der Lehrer vergleicht mit den Schülern die drei monotheistischen Religionen.
- In der Zeile Symbole können die Symbole hineingezeichnet werden.
- Die Schüler beten zum Abschluss gemeinsam ein Gebet.

- Christentum (Vaterunser): Vater unser im Himmel. Geheiligt werde dein Name. Dein Reich komme. Dein Wille geschehe, wie im Himmel, so auf Erden. Unser tägliches Brot gib uns heute. Und vergib uns unsere Schuld, wie auch wir vergeben unsern Schuldigern. Und führe uns nicht in Versuchung, sondern erlöse uns von dem Bösen. Denn dein ist das Reich und die Kraft und die Herrlichkeit in Ewigkeit. Amen.
- Judentum (18-Bitten-Gebet, Anfang): Gelobt seist du, Ewiger, unser Gott und Gott unserer Väter, Gott Abrahams, Gott Isaaks und Gott Jakobs, großer starker und furchtbarer Gott, der du beglückende Wohltaten erweisest und Eigner des Alls bist, der du der Frömmigkeit der Väter gedenkst und einen Erlöser bringst ihren Kindeskindern um deines Namens willen in Liebe. König, Helfer, Retter und Schild! Gelobt seist du, Ewiger, Schild Abrahams!
- Islam (Subhanaka allahumma): Preis sei Dir, o Gott (Allah), und Lob sei Dir, und gesegnet ist Dein Name, und hoch erhaben ist Deine Herrschaft, und es gibt keinen Gott außer Dir.

Christentum, Judentum, Islam – ein Vergleich

Name: ____________________ Datum: ____________________

	Christentum	Judentum	Islam
wichtige Gebete			
Glaubensbekenntnis			
Heilige Schrift(en)			
Versammlungsort(e)			
Feiertage und Feste			
Heiliger Wochentag			
Namen für Gott			
Symbol			

Christentum, Judentum, Islam – ein Vergleich (Lösungsblatt)

Name: ______________________ Datum: ______________________

	Christentum	Judentum	Islam
wichtige Gebete	Vaterunser Ave Maria Psalmen	Psalmen Heiligungsgebet (Kaddisch) 18-Bitten-Gebet)	Allahu akbar (Allah ist der Größte)
Glaubensbekenntnis	Ich glaube an Gott, den Vater, den Allmächtigen, den Schöpfer des Himmels und der Erde…	Sch´ma Israel: Höre Israel: Jahwe, unser Gott, Jahwe ist einzig.	Ich bezeuge: Es gibt keinen Gott außer Allah und ich bekenne, dass Mohammed der Gesandte Allahs ist.
Heilige Schrift(en)	Bibel (Altes Testament und Neues Testament)	Thora	Koran
Versammlungsort(e)	Kirche Wohnung	Synagoge Wohnung (Tempel)	Moschee
Feiertage und Feste	Ostern Weihnachten Pfingsten	Pessach Sukkot (Laubhüttenfest) Chanukka (Weihefest, Lichterfest)	Fest des Fastenbrechens Opferfest
Heiliger Wochentag	Tag des Herrn (Sonntag, Erster Tag der Woche)	Sabbat (Ruhetag, Freitagabend bis Samstagabend)	Tag der Zusammenkunft (Freitag)
Namen für Gott	Gott Herr Himmlischer Vater	Jahwe Elohim Ewiger	Allah
Symbol		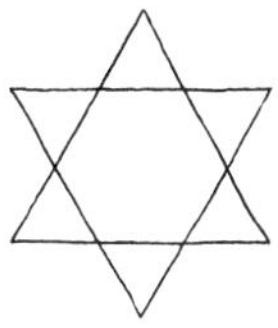	

Der Rosenkranz

3. Klasse | 45 min | Arbeitsblatt

Die Schüler kennen Form, Inhalt und Wissenswertes über den Rosenkranz und seine Gebete.

Arbeitsblatt kopieren, Sätze größer kopieren, Bild vom menschlichen Rosenkranz größer kopieren

- Die Schüler fassen sich an den Händen und bilden eine Menschenkette.
- Der Lehrer trennt 1 Schüler, 3 Schüler, 1 Schüler und dann 10 Schüler ab und fragt, ob jemand die Anordnung kennt.
- Der Lehrer zeigt den Schülern das Bild vom menschlichen Rosenkranz als Impuls.
- Der Lehrer bespricht mit den Schülern die Sätze des Ave Maria.
- Der Lehrer teilt das Arbeitsblatt aus.
- Die Schüler malen zuerst den Rosenkranz an.
- Die Schüler lösen dann die Aufgabe, indem sie die verschiedenen Sätze verbinden (mit Bleistift!). Im Anschluss werden im Plenum die richtigen Lösungen genannt.
- Am Ende beten alle miteinander ein Ave Maria.

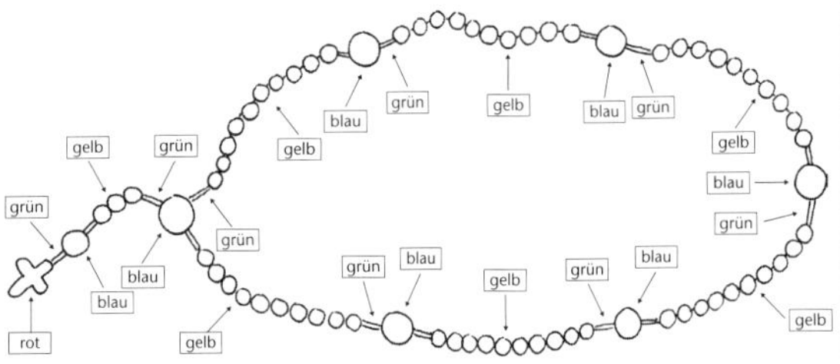

Gegrüßet seist du, Maria, voll der Gnade,	„Gegrüßet seist du, Maria“.
„Gegrüßet seist du, Maria“ heißt auf Latein	die Geburt Jesu.
Der Engel Gabriel begrüßt Maria mit dem Satz	der Herr ist mit Dir.
Spricht man von einem Gesätz, betet man das	600 Jahren.
Der Engel Gabriel verkündet Maria	„Ave Maria“.
Wenn man den Rosenkranz betet, betet man	Rosenkranzmonat.
Das Rosekranzgebet kennt man seit	„Gegrüßet seist du, Maria“.
Der Monat Oktober wird auch bezeichnet als	50 Gesätze.
Die Glaubenssätze die in einem Gesätz eingeschoben werden, heißen	Geheimnisse (glorreich, freudenreich, schmerzhaft, lichtreich).

Der Rosenkranz

Name: ______________________ Datum: ______________________

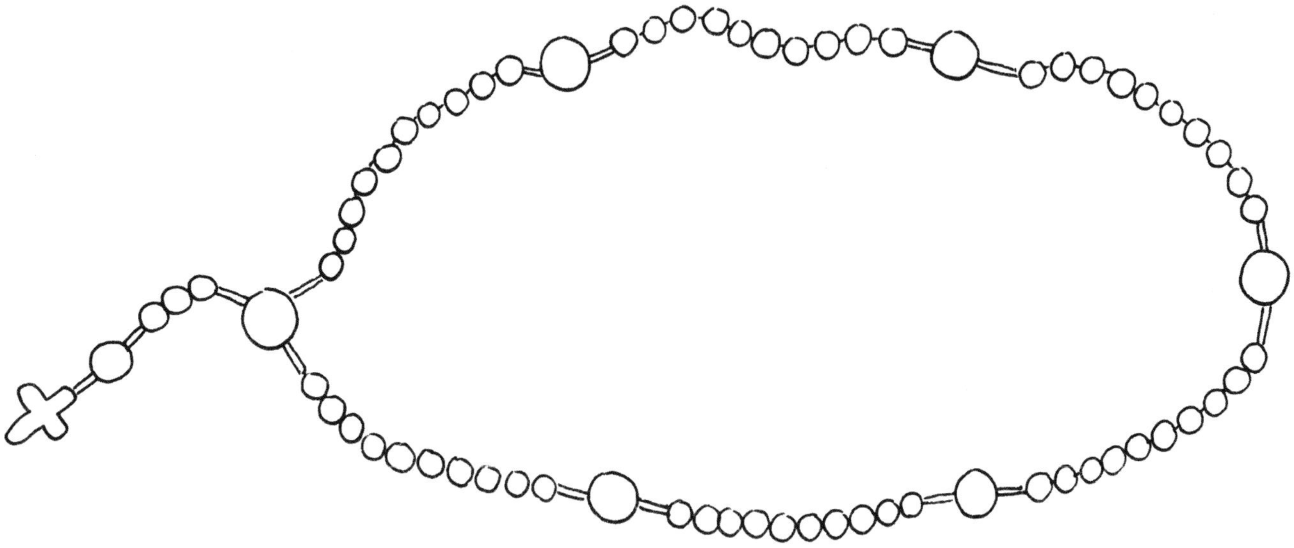

An welcher Stelle im Rosenkranz werden welche Gebet gesprochen? Male die Stellen entsprechend der Farbvorgabe aus:

- (rot) Kreuzzeichen und Glaubensbekenntnis
- (grün) Ehre sei dem Vater
- (gelb) Ave Maria
- (blau) Vaterunser

Wie enden die Sätze jeweils? Verbinde diese mit einer Linie.

Gegrüßet seist du, Maria, voll der Gnade,	„Gegrüßet seist du, Maria".
„Gegrüßet seist du, Maria" heißt auf Latein	die Geburt Jesu.
Der Engel Gabriel begrüßt Maria mit dem Satz	der Herr ist mit Dir.
Spricht man von einem Gesätz, betet man das	600 Jahren.
Der Engel Gabriel verkündet Maria	„Ave Maria".
Wenn man den Rosenkranz betet, betet man	Rosenkranzmonat.
Das Rosekranzgebet kennt man seit	„Gegrüßet seist du, Maria".
Der Monat Oktober wird auch bezeichnet als	50 Gesätze.
Die Glaubenssätze die in einem Gesätz eingeschoben werden, heißen	Geheimnisse (glorreich, freudenreich, schmerzhaft, lichtreich).

Der weise König Salomo

4. Klasse | 45 min | Arbeitsblatt

Die Schüler kennen den Unterschied zwischen Wissen und Weisheit.
Die Schüler sind in der Lage, die Geschichte des „Salomonischen Urteils" nachzuerzählen.

Arbeitsblatt kopieren

- Der Lehrer schreibt die beiden Begriffe „Wissen" und „Weisheit" an die Tafel.
- Die Schüler besprechen zu zweit, was die Begriffe bedeuten und was die Unterschiede sind, und versuchen, eine Definition zu formulieren:
  Wissen ist das, was wir uns durch Lernen oder durch Erfahrung aneignen.
  Weisheit ist das, was uns erlaubt, unser Wissen so anzuwenden, dass wir die richtigen Entscheidungen treffen, oder wie es im Duden steht: „auf Lebenserfahrung, Reife und Distanz gegenüber den Dingen beruhende einsichtsvolle Klugheit".
- Der Lehrer erzählt eine Geschichte von König Salomo (3. König des Volkes Israel): *Eines Tages kamen zwei Frauen mit einem Baby zu König Salomo. Die erste Frau erklärte dem König, dass sie vor nicht allzu langer Zeit ein Kind geboren habe. Drei Tage danach hatte auch die zweite Frau ein Kind zur Welt gebracht. Die erste Frau sagte weiter, dass leider das Kind der zweiten Frau in einer Nacht plötzlich starb. Die erste Frau, klagte dann, dass die zweite Frau noch in der gleichen Nacht das eigene tote Kind mit ihrem lebenden Kind vertauscht habe, ohne dass sie es gemerkt hatte. Erst am Morgen bemerkte die erste Frau, dass ein totes Kind im Bettchen lag und dass es nicht ihr eigenes Kind war. Die erste Frau schrie die zweite Frau an: „Gib mir mein Kind zurück. Du hast es mir gestohlen. Dein Kind ist tot." Die zweite Frau schrie wütend zurück: „Du lügst! Dein Kind ist gestorben. Dieses lebendige Kind hier ist mein Kind!" So ging es eine Zeitlang hin und her, bis König Salomo seine Hand hob und um Ruhe bat: „Ihr behauptet beide das gleiche – dass dieses Kind das eure ist. Aber niemand weiß, wer von euch die Wahrheit sagt."*
- Der Lehrer fragt die Schüler, was sie in dieser Situation machen würden.
- Der Lehrer fährt mit Erzählung fort: *Der König dachte einen Moment nach und sagte dann: „Bringt ein Schwert und teilt das Kind in zwei gleiche Hälften. Jede Frau bekommt dann eine Hälfte." Die eine Frau – es war die Mutter des Babys – erschrak sehr und schrie: „Nein, tut das nicht! Gebt das Kind der anderen Frau, aber lasst es bitte leben!" Die andere Frau aber sagte: „Keine von uns soll das Kind bekommen. Zerteilt es, wie es der König befohlen hat." Nun wusste der König, wer die Mutter des Kindes war.*
- Der Lehrer fragt die Schüler: „Wisst ihr es auch? Wie hat König Salomo erkannt, wer die Mutter ist?"
- Der Lehrer fährt fort: *Der König wusste, wer die richtige Mutter ist, weil der Mutter das Leben des Kindes wichtiger war, als das Kind zu haben. Sie wollte nicht, dass ihr Kind stirbt, auch wenn das bedeutet, dass die andere Frau das Kind bekommt. So sprach König Salomo sein Urteil. Er sagte: „Gebt der Frau das Kind, die nicht wollte, dass es stirbt. Sie ist die Mutter!"*
- Zur Sicherung bearbeiten die Schüler das Arbeitsblatt.
- Die Resultate werden in der Klasse besprochen.

König Salomo hat ein wirklich weises Urteil gefällt!

Der weise König Salomo

Name: ______________________ Datum: ______________________

K Ö N I G S A L O M O H A T E I N W I R K L I C H

_ _ _ _ _ _ URTEIL GEFÄLLT!

Die 10 Gebote

4. Klasse | 45 min | Arbeitsblatt, Bild von zwei Steintafeln

Die Schüler formulieren die 10 Gebote in ihre Sprache um und können diese intepretieren oder ein Beispiel aus ihrem Leben nennen.

Arbeitsblatt kopieren (evtl. auf DIN A3), Gebotskarten kopieren, Bild von zwei Steintafeln bereitlegen

- Der Lehrer zeigt den Schülern ein Bild von zwei Steintafeln mit hebräischen Buchstaben darauf (evtl. stiller Impuls). Die Schüler sammeln Gebote, die sie kennen. Der Lehrer hält die Ergebnisse an der Tafel fest.
- Der Lehrer erklärt, dass auf den Tafeln die 10 Gebote in Kurzform stehen; frei übersetzt: nicht stehlen, nicht lügen, nicht ehebrechen usw. Die Gebote werden im Hebräischen nicht mit 1., 2., 3. nummeriert, sondern mit Buchstaben versehen, um so eine Reihenfolge anzudeuten; also A, B, C ...; das hebräische Alphabet heißt in der Übersetzung: A, B, G, D, H, V, Z, CH, T, J.
- Der Lehrer teilt die 10 Gebote aus (hier unten). Die Schüler lesen die Gebote vor.
- Der Lehrer teilt das Arbeitsblatt aus.
- Die Schüler werden aufgefordert zu überlegen, wie sie das Gebot umformulieren würden oder welches Beispiel ihnen aus ihrem Leben einfällt.
- Die Schüler nennen am Ende das Gebot, das ihnen am wichtigsten erscheint, und begründen ihre Entscheidung.

- die Wörter, die den Schülern in den Meinungsäußerungen wichtig erscheinen, unterstreichen und / oder in das leere Feld schreiben lassen
- zuerst gemeinsam die Gebote in die richtige Reihenfolge bringen, dann gemeinsam die Gebote umformulieren

---

Ich bin der Herr, dein Gott.

א	Du sollst keine anderen Götter neben mir haben.
ב	Du sollst den Namen Gottes nicht verunehren.
ג	Du sollst den Tag des Herrn heiligen.
ד	Du sollst Vater und Mutter ehren.
ה	Du sollst nicht töten.

ו	Du sollst nicht ehebrechen.
ז	Du sollst nicht stehlen.
ח	Du sollst nicht falsch gegen deinen Nächsten aussagen.
ט	Du sollst nicht begehren deines Nächsten Frau.
י	Du sollst nicht begehren deines Nächsten Gut.

Die 10 Gebote

Name: ______________________ Datum: ______________________

Wie könnten die 10 Gebote heute lauten?

	Silvia meint:	Sebastian meint:	Ich meine: / Ich kenne ein Beispiel aus meinem Leben:
א	Das Wichtigste in unserem Leben soll Gott sein, denn Gott ist die Liebe.	Wir Christen kennen nur einen Gott.	
ב	Den Namen „Gott“ darf man nicht als Schimpfwort benutzen oder sonst in blöden Sätzen.	Auch wenn ich Gott nicht sehen kann, kann ich zu ihm sprechen, wie zu einem Freund.	
ג	Wir nehmen uns am Sonntag Zeit für Gott und gehen in den Gottesdienst.	Der siebte Tag der Woche gilt in unserer Religion als Ruhetag.	
ד	Schenke deinen Eltern die Liebe, die sie dir schenken.	Großeltern, Eltern und Kinder sollten zusammenhalten und miteinander gut auskommen.	
ה	Jesus hat keine Gewalt angewendet. Ihn sollen wir als Vorbild haben und genauso handeln.	Es gibt so viel Gewalt auf der Erde. Das soll um Gottes Willen nicht sein.	
ו	Falls es Probleme in der Familie gibt, soll man nicht gleich weglaufen. Man sollte gemeinsame Lösungen finden.	Freunde und Freundinnen sind mir wichtig. Ich achte auf sie, bin treu und vertraue ihnen. Ich möchte das umgekehrt ja auch.	
ז	Ich möchte nicht, dass andere mich ausnützen oder etwas nehmen, was mir gehört.	Es ist genug für alle da. Da brauchen wir niemandem etwas wegzunehmen.	
ח	Ich erfinde nichts Schlechtes über meine Mitmenschen.	Man soll im Leben immer bei der Wahrheit bleiben und ehrlich sein.	
ט	Wenn man neidisch ist, dann kann es vielleicht dazu kommen, dass ich einem anderen wehtue oder ihn verletze.	"Neidisch sein" ist nicht okay! Außerdem kann man ja den anderen auch mal was gönnen.	
י	Mein Opa sagt immer: „Freu dich an dem, was du hast!“	Wir sollen uns einfach beherrschen und verantwortungsvoll handeln.	

Fronleichnam

3. Klasse | 45 min | Arbeitsblatt

Die Schüler erkennen Sinn einer Fronleichnamsprozession und können Inhalt und Form dieser Prozession skizzieren.

Arbeitsblatt kopieren, Bild von Fronleichnamsprozession (größer oder auf Folie) kopieren

- Der Lehrer zeigt das Bild von Fronleichnamsprozession als stillen Impuls oder teilt jedem Schüler das Bild aus.
- Die Schüler beschreiben das Bild und sammeln in einem Brainstorming Informationen.
- Der Lehrer ergänzt: „Jedes Mal, wenn wir Gottesdienst feiern, feiern wir Tod und Auferstehung Jesu Christi. Im Gottesdienst hören wir das Wort Gottes und feiern gemeinsam Mahl. Katholische Christen glauben, dass sie mit der Hostie beim Abendmahl den Leib Christi in sich aufnehmen. Einmal im Jahr soll das nicht nur in der Kirche so zum Ausdruck gebracht werden, sondern die Freude über den Glauben auch auf den Straßen gezeigt werden.
  An Fronleichnam bauen Gemeindemitglieder Altäre auf und schmücken sie mit Blumen. Zusammen mit der Gemeinde trägt der Pfarrer die Hostie in einem kostbaren Gefäß von Station zu Station. An jeder Station steht ein Altar, der festlich geschmückt ist. Dort betet und singt man zu Ehren Gottes. Das Gefäß, in der die Hostie aufbewahrt ist, heißt Monstranz. Über der Monstranz wird ein Dach (Baldachin) getragen, das die Hostie schützen und den Himmel symbolisieren soll. Den feierlichen Rundgang durch die Straßen des Dorfes oder der Stadt, nennt man Prozession. Auch während des Gehens singen und beten die Teilnehmer. Mit der Fronleichnamprozession wollen wir Katholiken den Leib Christi in Gestalt der Hostie besonders ehren und näher zu den Menschen bringen."
- Der Lehrer teilt das Arbeitsblatt aus.
- Die Schüler lösen in Partnerarbeit das Quiz. Der Lehrer gibt evtl. einen Tipp: „Bei Frage 4 und 5 gibt es zwei richtige Antworten."
- Der Lehrer löst das Quiz mit den Schülern gemeinsam auf. (Lösungswort: Monstranz)
- Die Schüler malen das Bild der Prozession farbig an.

Fronleichnam

Name: ______________________ Datum: ______________________

Kreuze an – auch mehrere Antworten sind möglich. Wenn deine Antwort richtig ist, bekommst du ein Lösungswort heraus!

1. Warum ziehen die Menschen an Fronleichnam durch die Straßen?
   - (Z) Weil Christinnen und Christen gerne wandern gehen.
   - (M) Weil man in der Öffentlichkeit zeigen möchte, woran man glaubt.
   - (Y) Weil die Kirche an diesem Tag geputzt wird und nicht betreten werden darf.

2. Wem wurde von Christus in einer Vision aufgetragen, das „Hochfest des Leibes und Blutes Christi" zu feiern und einzuführen?
   - (U) Julia von Leppich
   - (A) Johanna von Orleans
   - (O) Juliana von Lüttich

3. Was wird bei der Prozession durch die Straßen getragen?
   - (P) Die Osterkerze
   - (L) Der Adventskranz
   - (N) Der Leib Christi

4. Womit schmücken die Menschen bei der Prozession oft die Straßen?
   - (S) Mit Blumenteppichen
   - (L) Mit Perserteppichen
   - (T) Mit Fahnen

5. Was hat die Menschen bewegt, Fronleichnamsprozessionen zu gestalten?
   - (R) Sie möchten ihrer Freude über Gottes Gegenwart Ausdruck verleihen.
   - (A) Sie möchten zeigen, dass der Glaube in die Welt gehört.
   - (C) Sie möchten gemeinsam in der Stadt spazieren gehen.

6. Was bedeutet das Wort Fronleichnam?
   - (S) arbeitsfreier Tag
   - (L) Friedhofsvorplatz
   - (N) Leib des Herrn

7. Welche Form der Fronleichnamsprozession gibt es am häufigsten?
   - (S) auf dem Pferd
   - (Z) zu Fuß
   - (B) auf dem Schiff

Das Lösungswort heißt: __ __ __ __ __ __ __ __ __

Gemeinsam stumm ein Mandala malen

4. Klasse

45 min

Arbeitsblatt, optional: CD meditativer Musik

Die Schüler gestalten, ohne zu kommunizieren, kooperativ Mandalas.

Arbeitsblatt kopieren, Mandalas vergrößern, optional: eine CD mit meditativer Musik bereitlegen

- Der Lehrer fragt die Schüler: „Was ist ein Mandala? Wie und wann malt ihr Mandala? Habt ihr schon einmal ein Mandala mit einem Partner / einer Gruppe gemalt?" Zwischendurch werden immer die Antworten gesammelt und festgehalten.
- Der Lehrer erklärt: „Heute machen wir ein Experiment. Wir werden in Gruppen miteinander Mandalas ausmalen und zwar ohne miteinander zu sprechen."
- Die Schüler werden in Zweier- oder Dreiergruppen eingeteilt. Dies geschieht durch Abzählen oder gemeinsame Kriterien, z. B.: „Alle diejenigen gehen heute zusammen, welche heute ein rotes Oberteil / eine Halskette / ein Armband / eine Uhr usw. tragen."
- Die jeweiligen Gruppen stehen um einen Tisch herum. Jeder Schüler hat einen Farbstift in der Hand. In den Gruppen haben alle Schüler unterschiedliche Farben.
- Der Lehrer erklärt den Auftrag: „Während die Musik läuft / während der nächsten fünf Minuten malt jede Gruppe das Mandala aus, ohne zu sprechen. Zeichensprache (z. B. mit dem Stift auf eine Stelle hinweisen) darf auch nicht verwendet werden. Es gibt keine Absprachen. Wichtig ist, sich auf die anderen und das Mandala einzustellen, die Entscheidungen der anderen zu akzeptieren und nicht alleine bestimmen zu wollen."
- Der Lehrer teilt das Arbeitsblatt aus und gibt das Startzeichen oder lässt die Musik laufen.
- Die Schüler malen für ca. fünf bis zehn Minuten gemeinsam – möglichst ohne miteinander zu kommunizieren – am Mandala.
- Der Lehrer stoppt die Übung. Alle gehen im Zimmer umher und betrachten die verschiedenen Mandalas und gehen dann zurück an ihren Platz
- Der Lehrer fragt nach den Erfolgserlebnissen und nach den Schwierigkeiten. Die Schüler erzählen von ihren Erfahrungen und Gefühlen bei dieser Übung. Es wird diskutiert, warum es so schwierig ist, gemeinsam zu malen, ohne miteinander zu reden. Im Anschluss können die Schüler in der Gruppe ein Mandala frei gestalten.

- verschiedene Mandalas zur Verfügung stellen und die Gruppen eines auswählen lassen
- Schüler zum Abschluss ein Mandala alleine ausmalen lassen

Diese Übung verlangt viel Einfühlungsvermögen von den Schülern. Manchen Kindern fällt es schwer, Entscheidungen von anderen zu akzeptieren, weil sie gerne selbst bestimmen wollen. Andere wiederum würden gerne im Voraus Absprachen treffen, um ein „schönes" Ergebnis zu erhalten.

Gemeinsam stumm ein Mandala malen

Name: ____________________ Datum: ____________________

Mandalas zur freien Gestaltung – Vorschläge:

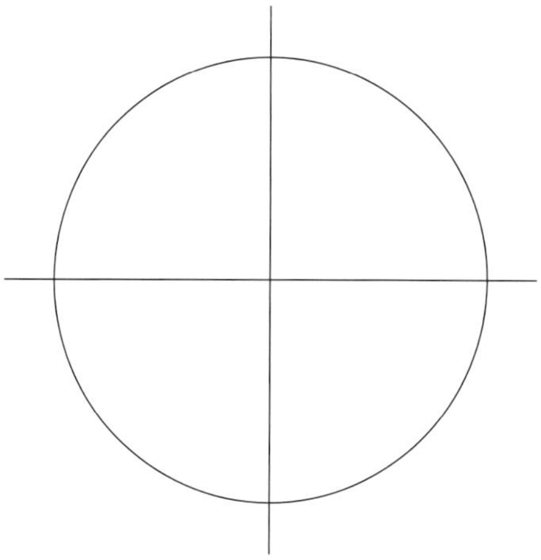

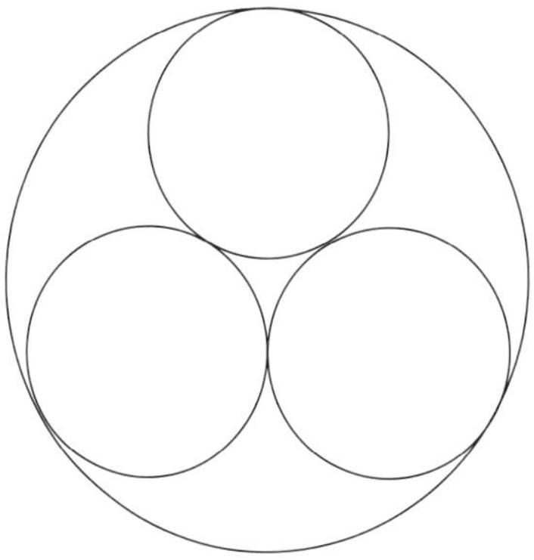

Hagar

3./4. Klasse

45 min

Arbeitsblatt, Blanko-Blätter/Schülerhefte, Bild von Wüste

Die Schüler sind in der Lage, die Geschichte von Hagar nachzuerzählen.

Arbeitsblatt kopieren

- Als Einstieg kann ein Bild von einer Wüste / Steppe als stiller Impuls gezeigt werden.
- Der Lehrer fragt: „Welche Personen aus der Bibel kennt ihr, die in der Wüste umhergezogen sind?" Die Schüler antworten.
- Der Lehrer fährt fort: „Heute geht es um eine Person aus dem Umfeld von Abraham. Wie heißt die Frau von Abraham? Das ist Sara. Sara hat eine Magd mit Namen Hagar. Einmal ist etwas passiert, dass Hagar sehr traurig und wütend machte, und sie brach überstürzt auf, weil sie weg von Abraham und Sara wollte. Was genau die Geschichte von Hagar ist, könnt ihr auf diesem Arbeitsblatt herausfinden."
- Der Lehrer teilt das Arbeitsblatt aus.
- Die Schüler bearbeiten das Arbeitsblatt.
- Die Lösungen werden besprochen und Fragen werden geklärt.
- Der Lehrer erzählt, was aus Ismael geworden ist (Stammvater der Muslime) und dass Sara auch noch schwanger wurde, obwohl sie schon sehr alt war: „Der Sohn von Abraham und Sara heißt Isaak."

Abraham und Sara waren alt, aber sie hatten keine Kinder.
Sara sagte zu Abraham: „Ich kann keine Kinder bekommen.
Du sollst aber Kinder haben und daher bitte ich dich, nimm meine junge Magd als Nebenfrau."
Abraham nahm darauf Hagar zur Nebenfrau und Hagar wurde schwanger.
Das hatte Sara so gewollt, trotzdem war sie sehr eifersüchtig.
Darum behandelte Sara ihre Magd Hagar immer strenger, sodass es Hagar nicht mehr aushielt.
Hagar lief überstürzt in die Wüste davon, obwohl es da lebensgefährlich war.
Hagar wäre fast verdurstet, aber im letzten Moment fand sie eine rettende Quelle.
Dort erschien ihr ein Engel, der sie fragte: „Was machst du hier?"
Hagar gestand, dass sie Sara davongelaufen war.
Der Engel trug ihr auf: „Geh zurück zu deiner Herrin."
Und der Engel versprach ihr: „Dein Sohn ist von Gott gesegnet und er wird viele Nachkommen haben."

Der Sohn von Abraham und Hagar heißt: ISMAEL

Hagar

Name: ____________________ Datum: ____________________

Hagar ist traurig und wütend. Sie will nur noch weg. Weil es so schnell gehen muss, zerbricht einiges und gerät durcheinander. Hagar packt nur die Hälfte der Sätze.
Schreibe die Satzenden, die sich im Beutel befinden, neben den richtigen Satzanfang.
Wenn du fertig bist, kannst du die Geschichte von Hagar lesen.

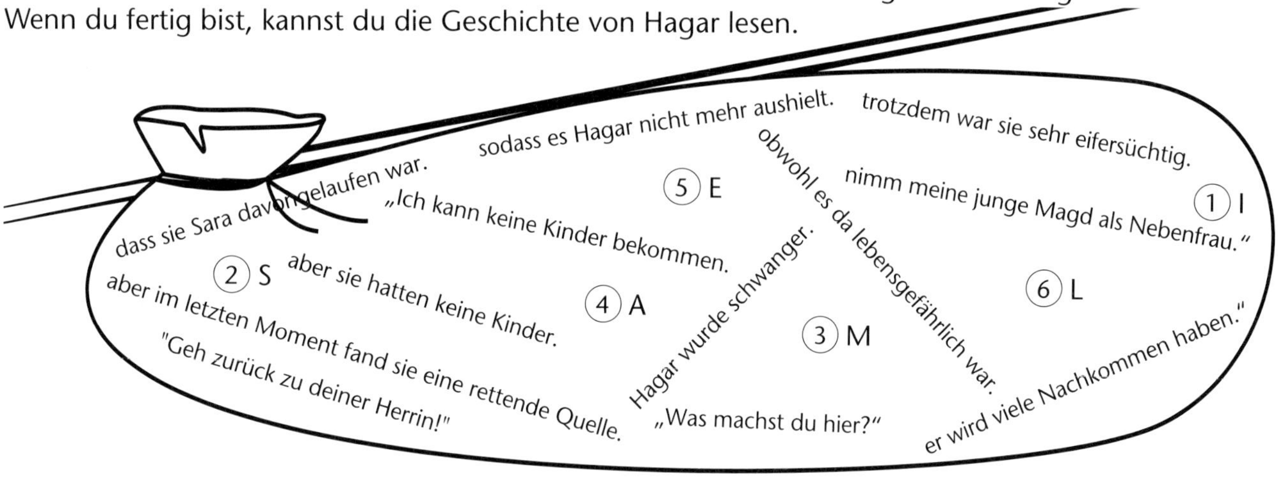

Abraham und Sara waren alt,	____________________
Sara sagte zu Abraham:	____________________
Du sollst aber Kinder haben und daher bitte ich dich,	____________________
Abraham nahm darauf Hagar zur Nebenfrau und	____________________
Das hatte Sara so gewollt,	____________________
Darum behandelte Sara ihre Magd Hagar immer strenger,	____________________
Hagar lief überstürzt in die Wüste davon,	____________________
Hagar wäre fast verdurstet,	____________________
Dort erschien ihr ein Engel, der sie fragte:	____________________
Hagar gestand,	____________________
Der Engel trug ihr auf:	____________________
Und der Engel versprach ihr: „Dein Sohn ist von Gott gesegnet und	____________________

Wie heißt der Sohn von Abraham und Hagar? Schreibe die einzelnen Buchstaben, die sich im Beutel befinden, hier der Reihe nach auf:

1) ____ 2) ____ 3) ____ 4) ____ 5) ____ 6) ____

Heilige Drei Könige

4. Klasse	45 min	Arbeitsblatt, evtl. Bild einer Krone

Die Schüler können die Geschenke für Jesus dem jeweiligen König zuordnen.
Die Schüler kennen die Bedeutung der Namen der Heiligen Drei Könige.

Arbeitsblatt kopieren

- Der Lehrer zeichnet an die Wandtafel eine Krone oder zeigt ein Bild einer Krone. Der Lehrer fragt die Schüler: „Welche Geschichten aus der Bibel kommen euch zu diesem Symbol in den Sinn?" Die Antworten werden gesammelt und festgehalten.
- Die Schüler wiederholen die Geschichte der Heiligen Drei Könige (Mt 2,1–12): *Als Jesus zur Zeit des Königs Herodes in Betlehem in Judäa geboren worden war, kamen Sterndeuter aus dem Osten nach Jerusalem und fragten: „Wo ist der neugeborene König der Juden? Wir haben seinen Stern aufgehen sehen und sind gekommen, um ihm zu huldigen." Als König Herodes das hörte, erschraken er und mit ihm ganz Jerusalem. Er ließ alle Hohepriester und Schriftgelehrten des Volkes zusammenkommen und erkundigte sich bei ihnen, wo der Messias geboren werden solle. Sie antworteten ihm: „In Betlehem in Judäa; denn so steht es bei dem Propheten: Du, Betlehem im Gebiet von Juda, / bist keineswegs die unbedeutendste / unter den führenden Städten von Juda; / denn aus dir wird ein Fürst hervorgehen, / der Hirt meines Volkes Israel." Danach rief Herodes die Sterndeuter heimlich zu sich und ließ sich von ihnen genau sagen, wann der Stern erschienen war. Er schickte sie nach Betlehem und sagte: „Geht und forscht sorgfältig nach, wo das Kind ist; und wenn ihr es gefunden habt, berichtet mir, damit auch ich hingehe und ihm huldige." Nach diesen Worten machten sie sich auf den Weg. Und der Stern, den sie hatten aufgehen sehen, zog vor ihnen her bis zu dem Ort, wo das Kind war; dort blieb er stehen. Als sie den Stern sahen, wurden sie von sehr großer Freude erfüllt. Sie gingen in das Haus und sahen das Kind und Maria, seine Mutter; da fielen sie nieder und huldigten ihm. Dann holten sie ihre Schätze hervor und brachten ihm Gold, Weihrauch und Myrrhe als Gaben dar. Weil ihnen aber im Traum geboten wurde, nicht zu Herodes zurückzukehren, zogen sie auf einem anderen Weg heim in ihr Land.*
- Der Lehrer fragt: „Kennt ihr die Namen der Heiligen Drei Könige? Wisst ihr, welcher König Jesus welches Geschenk brachte? Dazu habe ich euch ein Logical mitgebracht."
- Der Lehrer teilt das Arbeitsblatt aus.
- Die Schüler lesen alle neun Angaben gut durch und füllen die Tabelle mit logischen Schlussfolgerungen aus. Der Lehrer bespricht im Anschluss die Lösungen.
- Der Lehrer erklärt den Schülern die Bedeutung der Geschenke.
- Die Schüler lösen das zweite Rätsel auf dem Arbeitsblatt.

- Myrrhe ist eine wohlriechende, aber bitter schmeckende Heilpflanze. Myrrhe wird zum Räuchern und als Arznei verwendet. Kaspar brachte die Myrrhe mit, damit Jesus bei einer Krankheit geholfen werden konnte.
- Weihrauch ist ein Baumharz, das beim Verbrennen angenehm duftet. Es gilt als Gottesduft. Durch Melchiors Geschenk wird auf die Göttlichkeit von Jesus hingewiesen.
- Balthasar brachte das wertvolle Gold zu Jesus, weil er aus seinen Sterndeutungen wusste, dass dieses Kind ein König ist.

Name des Königs	Kaspar	Melchior	Balthasar
Bedeutung des Namens	„Schatzträger"	„Lichtkönig"	„Gottesschutz"
Geschenk	Myrrhe	Weihrauch	Gold

Heilige Drei Könige

Name: ______________________ Datum: ______________________

1. Die drei Könige heißen Kaspar, Melchior und Balthasar.
2. Jesus erhielt von den drei Königen die Geschenke Gold, Myrrhe und Weihrauch.
3. Die Bedeutung der Namen sind „Lichtkönig", „Schatzträger" und „Gottesschutz".
4. Der Name „Balthasar" kommt aus dem Hebräischen und heißt übersetzt „Gottesschutz".
5. Melchior bedeutet nicht „Schatzträger".
6. Der König, dessen Name „Schatzträger" bedeutet, hat Jesus die Myrrhe gebracht.
7. Der Name Kaspar kommt aus dem Persischen und heißt nicht „Lichtkönig".
8. Der König, dessen Name übersetzt „Lichtkönig" bedeutet, hat Jesus Weihrauch gebracht.
9. Der König, dessen Name „Gottesschutz" bedeutet, hat Jesus das Gold gebracht.

Fülle die Tabelle aus.

Name des Königs			
Bedeutung des Namens			
Geschenk			

Mit welchem Tier reisten die Heiligen Drei Könige? Verbinde die Zahlen.

Heilige und ihre Attribute

4. Klasse

45 min

Arbeitsblatt, Scheren, Klebstoff

Die Schüler können verschiedenen Heiligen Attribute, Gedenktage und Ausschnitte aus ihrem Leben zuordnen.

Arbeitsblatt kopieren

- Der Lehrer schreibt den Oberbegriff „Heilige" an die Tafel. Die Schüler nennen Heilige, die sie kennen, oder erzählen von ihrem Namenspatron.
- Der Lehrer berichtet: „Heilige sind Menschen, die in ihrem Leben besondere Taten vollbracht haben und damit anderen Christen ein gutes Vorbild sind. Diese Menschen wollten Jesus nachfolgen, d. h. sie haben Dinge in ihrem Leben getan, die schon Jesus gemacht hat: Armen geholfen, Kranke geheilt, Menschen zugehört, Menschen von Gott erzählt. Manche von ihnen sind auch wegen ihres Glaubens umgebracht worden. Dafür hat man sie später heilig gesprochen. Durch ihr Leben lassen sie gleichsam wie Sterne die Liebe Gottes auf der Erde aufleuchten. Darin können sie für uns Vorbilder sein, ganz besonders unsere eigenen Namenspatrone."
- Der Lehrer malt einfache Zeichen an die Tafel, z. B. Zeichen für Telefon, Zeichen für Ausgang, Zeichen für WC, Zeichen für Strom. Die Schüler raten, was sie bedeuten.
- Der Lehrer erklärt weiter: „Um die Menschen an Heilige zu erinnern, hat man sie oft gemalt oder Figuren geschnitzt oder Plastiken angefertigt. Damit man sie erkennt, hat man sie mit besonderen Merkmale gezeichnet oder ihnen Gegenstände beigegeben. Die Evangelisten tragen meistens ein Buch, Stifter ein Kirchenmodell, Bischöfe einen Hirtenstab. Viele Zeichen weisen auf Ereignisse im Leben der Heiligen hin. Man verehrt Heilige oder bittet um Schutz für eine bestimmte Sache: Der Heilige Florian schützt vor Feuer und Brand und oft sieht man seinen Figur zusammen mit einem Wasserkübel. Solche den Heiligen zugeordnete Zeichen nennen wir Attribute. Das Attribut sagt uns, wer dargestellt ist. Vor nicht allzu langer Zeit, als noch nicht so viele Menschen lesen und schreiben konnten, hat man vieles bildlich dargestellt. Unsere Kirchen enthalten viele Bilder, die den Menschen etwas zu erzählen haben. Bilder kann jeder verstehen."
- Der Lehrer teilt das Arbeitsblatt aus.
- Die Schüler schneiden Karten aus und ordnen sie einander zu. Danach kleben sie die Karten auf.

- Kästchen selbst mit einem lokalen Heiligen füllen oder Schüler ihren Namenspatron eintragen lassen

Siehe Arbeitsblatt

Heilige und ihre Attribute

Name: ______________________ Datum: ______________________

Er hat seinen Mantel mit einem Bettler geteilt.	Hl. Martin (Bischof von Tours)		11. November	
Sie wurde wegen ihres Glaubens in einen Turm gesperrt.	Hl. Barbara (christliche Märtyrerin in Nikomedia)		4. Dezember	
Sie tötete man wegen ihres Glaubens mit einem Schwert, auf die gleiche Weise, wie man Lämmer tötet.	Hl. Agnes (christliche Märtyrerin in Rom)		21. Januar	
Sie gab ihren Reichtum auf, um Armen zu helfen und Kranke zu pflegen.	Hl. Elisabeth (Landgräfin von Thüringen)		17. November	
Er war Jünger Jesu und ging der Legende nach nach Spanien. Auf seinem Grab steht die Kathedrale von Santiago de Compostela.	Hl. Jakobus der Ältere (Apostel und Pilger)		25. Juli	
Er gab seinen Reichtum auf, um in Armut zu leben, und war ein großer Freund der Tiere und der Natur.	Hl. Franziskus (Mitbegründer der Franziskaner)		4. Oktober	
Er half, wo er Not sah, und verteilte seinen Vermögen unter den Menschen.	Hl. Nikolaus (Bischof von Myra)	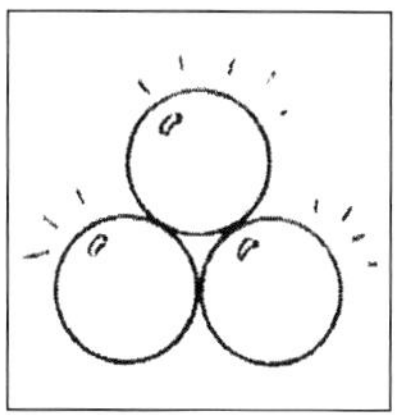	6. Dezember	
Er verließ seine Familie, um als Einsiedler in der Ranftschlucht zu leben, und sich dort ganz dem Gebet zu widmen.	Hl. Nikolaus von Flüe (Friedensstifter)		21. März	

Jesus geht auf dem Wasser

3./4. Klasse

45 min

Arbeitsblatt, Blanko-Blätter

Die Schüler sind in der Lage die Wundergeschichte „Jesus geht auf dem Wasser" nachzuerzählen.
Die Schüler haben die Sätze des Bibeltextes in Farbe umgesetzt und mit diesen Farben ein Bild zur Geschichte gestaltet.

Arbeitsblatt auf DIN A3 vergrößert kopieren und in 2 DIN-A4-Blätter teilen

- Der Lehrer fragt die Schüler nach Situationen, in denen sie Angst hatten. Die Schüler erzählen.
- Der Lehrer fragt weiter, was in solchen Situationen hilft, damit man die Angst überwinden kann. Eine mögliche Antwort ist: eine Person, der man vertraut und die einem in so einer Situation beisteht.
- Der Lehrer erklärt, dass er zu diesem Thema eine Geschichte mitgebracht hat, aber dass die Geschichte diesmal auf eine spezielle Weise gelesen und gehört wird.
- Der Lehrer teilt das Arbeitsblatt mit dem Bibeltext aus und fordert Schüler auf, ihre Buntstifte hervorzunehmen (oder verteilt auch die Buntstifte).
- Der Lehrer erklärt: „Gleich lese ich die einzelnen Sätze dieser Geschichte vor. Ihr hört dabei gut zu und überlegt euch nach jedem Satz, welche Farbe dieser Satz für euch hat. Welche Farbe kommt euch bei diesem Satz in den Sinn? Mit dieser Farbe malt ihr einen Punkt in das Kästchen hinter diesem Satz. So etwas habt ihr vielleicht noch nie gemacht. Aber versucht es doch einfach. Es gibt kein Richtig oder Falsch, sondern nur was für dich im Moment diejenige Farbe ist, welche du erspürst."
- Der Lehrer liest die Geschichte Vers für Vers langsam vor und gibt den Schülern nach jedem Vers die Gelegenheit, ihren Farbtupfer anzubringen. Falls nötig, am Schluss der Geschichte noch ein wenig mehr Zeit geben.
- Der Lehrer verteilt das Umrissbild und gibt den Schülern den Auftrag mit den Farben, die sie für die Sätze gewählt haben, das Bild zu gestalten.
- Die Bilder werden alle aufgehängt oder ausgestellt und miteinander betrachtet.
- Der Lehrer fragt bei den Schülern nach, wie diese spezielle Methode bei ihnen angekommen ist und welche Erfahrungen / Beobachtungen sie dabei gemacht haben.

- Anzahl der Farben begrenzen: z. B. nur die Farben Blau, Rot, Gelb, Grün, Braun und Schwarz
- mit den gewählten Farben die Schüler selbst eine Zeichnung zur Geschichte anfertigen lassen

Jesus geht auf dem Wasser

Gleich darauf drängte Jesus die Jünger, ins Boot zu steigen und ans andere Seeufer vorauszufahren. Er selbst wollte erst noch die Menschenmenge verabschieden.	
Als er damit fertig war, stieg er allein auf einen Berg, um zu beten. Als es dunkel wurde, war er immer noch dort.	
Das Boot mit den Jüngern war inzwischen weit draußen auf dem See. Der Wind trieb ihnen die Wellen entgegen und machte ihnen schwer zu schaffen.	
Im letzten Viertel der Nacht kam Jesus auf dem Wasser zu ihnen.	
Als die Jünger ihn auf dem Wasser gehen sahen, erschraken sie und sagten: „Ein Gespenst!“, und schrien vor Angst.	
Sofort sprach Jesus sie an: „Fasst Mut! Ich bin's, fürchtet euch nicht!“	
Da sagte Petrus: „Herr, wenn du es bist, dann befiehl mir, auf dem Wasser zu dir zu kommen!“	
„Komm!“, sagte Jesus. Petrus stieg aus dem Boot, ging über das Wasser und kam zu Jesus.	
Als er dann aber die hohen Wellen sah, bekam er Angst. Er begann zu sinken und schrie: „Hilf mir, Herr!“	
Sofort streckte Jesus seine Hand aus, fasste Petrus und sagte: „Du hast zu wenig Vertrauen! Warum hast du gezweifelt?“	
Dann stiegen beide ins Boot und der Wind legte sich.	
Die Jünger im Boot warfen sich vor Jesus nieder und riefen: „Du bist wirklich Gottes Sohn!“	

Jesus geht auf dem Wasser

Josef und seine Brüder

3. Klasse | 45 min | Arbeitsblatt

Die Schüler können die Geschichte von Josef und seinen Brüdern wiedergeben.

Arbeitsblatt für alle kopieren, für das Spiel Quizkarten einmal auf festes DIN-A3-Papier kopieren

- Der Lehrer erzählt die alttestamentliche Geschichte Josefs (oder die Schüler lesen vor), z. B.:
  Jakob und Rachel leben in Harran (heute in der Türkei) und haben 12 Söhne. Ein Sohn heißt Josef und ist der Liebling seines Vaters. Eines Tages, als ihm sein Vater ein buntes Kleid geschenkt hat, werden seine anderen Brüder neidisch auf ihn. Ein anderes Mal erzählt Josef ihnen, dass er geträumt hat, dass sich die ganze Familie vor ihm verneigt. Er sagt: „Wir banden Garben mitten auf dem Feld. Meine Garbe richtete sich auf und blieb auch stehen. Eure Garben umringten sie und neigten sich tief vor meiner Garbe. Ein anderes Mal verneigten sich sogar Sonne, Mond und elf Sterne vor mir." Da sagen seine Brüder zu ihm: „Willst du etwa König über uns werden oder dich als Herr über uns aufspielen?"
  Sie beschließen, ihn loszuwerden, verstecken ihn in einer Zisterne und verkaufen ihn an einen Sklavenhändler. Dieser wiederum verkauft ihn weiter an einen ägyptischen Beamten namens Potifar. Ihrem Vater erzählen die Brüder, dass Josef gestorben sei. Jakob ist darüber sehr traurig. Aber Gott lässt Josef nicht im Stich. Im Gegenteil: Gott hat Jakob viele Fertigkeiten und Fähigkeiten geschenkt, sodass er im Haus von Potifar Karriere macht. Die Frau von Potifar verliebt sich sogar in ihn. Doch Josef weist sie zurück, da sie ja verheiratet ist. Aus Rache lässt sie Josef ins Gefängnis werfen.
  Auch im Gefängnis ist Gott bei Josef. Im Gefängnis beginnt Josef, die Träume seiner Mitgefangenen zu deuten, die sich wie vorgesagt, alle erfüllen. Eines Tages träumt der Pharao von sieben wohlgenährten und sieben mageren Kühen, ein anderes Mal von prallen und ausgedörrten Ähren. Der Pharao, der von den ungewöhnlichen Fähigkeiten von Josef erfahren hatte, lässt Josef rufen und Josef erklärt, dass Ägypten sieben reiche, landwirtschaftlich ertragreiche Jahre bevorstehen und sieben Jahre mit Dürre. Er gibt dem Pharao den Rat, die sieben fruchtbaren Jahre zu nutzen, um für die Dürreperiode zu sammeln. Der Pharao ist so erstaunt darüber, dass er Josef zu seinem obersten Verwalter ernennt und ihn reich beschenkt. Und tatsächlich geschieht es so. In den sieben ertragreichen Jahren sammelt Josef alle Vorräte und verstaut sie in den Lagerhallen des Pharao. In den sieben darauffolgenden armen Jahren kann Josef die Vorräte verkaufen.
  Auch in den Nachbarsländern gibt es schwache Jahre, sogar eine Hungersnot bricht aus. So machen sich auch die Menschen aus diesen Ländern auf die Reise nach Ägypten, um dort Getreide zu kaufen. Unter diesen Menschen ist auch Josefs Familie. Als Josef sie sieht, gibt er sich nicht zu erkennen, sondern prüft zuerst, ob sie sich gebessert haben. Erst nach einer gewissen Zeit sagt er, wer er ist, und seine Brüder werfen sich vor ihm auf den Boden. Er verzeiht ihnen ihre schlechten Taten: „Ihr habt Böses gegen mich im Sinne gehabt, Gott aber hatte dabei Gutes im Sinn, um zu erreichen, was heute geschieht: viele Menschen am Leben zu erhalten. Nun also fürchtet euch nicht! Ich will für meinen Vater, euch und eure Kinder sorgen."
  So tröstete er sie und redete ihnen freundlich zu.
- Der Lehrer bildet zwei Gruppen, die gegeneinander das Quiz spielen. Die Gruppe wählt einen Gruppensprecher, der die von der Gruppe gefundene Antwort gibt. Die Fragen können abwechselnd mal der einen oder der anderen Gruppe gestellt werden oder beide Gruppen dürfen eine Antwort nennen. Es werden Punkte (oder einfach die Karten) gesammelt.
  Die Gruppe mit den meisten richtigen Antworten gewinnt.
- Die Schüler erhalten nach dem Spiel das Arbeitsblatt zur Vertiefung und kreisen die jeweils richtige Antwort ein.
- Zum Abschluss überlegen die Schüler, wie die Geschichte weitergegangen sein könnte.

- Mithilfe des Quizes kann die Geschichte auch gut in Ausschnitten nacherzählt werden.

Jakob, 11 Brüder, ein buntes Kleid, Garben, sich vor ihm verneigten, in eine Zisterne, Ägypten, einen Hofbeamten, Potifar, ohne Schuld, die Träume der anderen gedeutet, sieben Kühen, prall und ausgedörrt, weil sie Getreide kaufen wollten, den Brüdern verziehen, alles zum Guten wendet

Josef und seine Brüder

Name: ______________________ Datum: ______________________

Josefs Vater hieß • Johannes. • Jakob. • Judas.	Josef hatte • 9 Brüder. • 10 Brüder. • 11 Brüder.	Josef bekam von seinem Vater • ein buntes Kleid. • viele Spielsachen. • viel Geld.	Josef träumte von • Gabeln. • Gaben. • Garben.
Josef träumte, dass Sonne, Mond und Sterne • sich vor ihm verneigten. • im Kreis tanzten. • sprechen konnten.	Josefs Brüder warfen ihn • in eine Höhle. • in eine Zisterne. • in einen Bergwerks-stollen.	Josef kam als ein Sklave nach • Arabien. • Ägypten. • Äthiopien.	Josef wurde verkauft an • einen Priester. • einen Hofbeamten. • einen König.
Der Mann der ihn kaufte, hieß • Pontius Pilatus. • Pollux. • Potifar.	Josef kam ins Gefängnis, • ohne Schuld. • weil er schuldig war. • durch Bestechung.	Im Gefängnis hat er • den anderen Geschichten vorgelesen. • mit den anderen gesungen. • die Träume der anderen gedeutet	Der Pharao träumte von • sieben Kühen. • vierzehn Kühen. • vierzig Kühen.
Der Pharao träumte von Ähren. Sie waren • groß und klein. • hellbraun und dunkelbraun. • prall und ausgedörrt.	Die Brüder kamen nach Ägypten, • um zu spionieren. • weil sie Getreide kaufen wollten. • um Josef zu besuchen.	Am Ende der Josefsgeschichte hat Josef • die Brüder bestraft. • den Brüdern verziehen. • die Brüder beim Vater verpetzt.	Wir lernen aus der Geschichte, dass Gott • die Menschen nicht bestraft. • die Bösen laufen lässt. • alles zum Guten wendet.

Kirchenfeste und Feiertage im Frühling und Sommer

3./4. Klasse

45 min

Arbeitsblatt

Die Schüler sind in der Lage, die Bedeutung verschiedener Kirchenfeste im Frühling und Herbst zu erzählen, und sie kennen die Abfolge der Feste im Jahreskreis.

Arbeitsblatt kopieren

- Der Lehrer fragt die Schüler: „Welche Kirchenfeste kennt ihr?" Die Antworten werden gesammelt.
- Der Lehrer fragt weiter: „Kennt ihr auch die Bedeutungen dieser Feste?"
- Der Lehrer teilt das Arbeitsblatt aus.
- In Partnerarbeit lösen die Schüler den ersten Arbeitsauftrag.
- Die Lösungen werden in der Klasse besprochen.
- In Partnerarbeit lösen die Schüler den zweiten Arbeitsauftrag.
- Die Lösungen werden in der Klasse besprochen.
- Die Schüler kommen in den Sitzkreis.
- Der Lehrer bittet die Schüler, einen Moment ganz still zu werden und sich an das letzte Kirchenfest, das sie gefeiert haben, zu erinnern: „Welche schönen Erlebnisse hattet ihr da?"
- Die Schüler erzählen.
- Feste der Stunde „Kirchenfeste und Feiertage im Herbst und Winter" mit einbeziehen
- Festigung: Schülern Zettel mit einem Fest auf den Rücken kleben, durch „Ja / Nein"-Fragen Fest erraten lassen
- Fest und Bedeutung als Karten ausschneiden und jedem Schüler eine Karte geben, Schüler durch Herumfragen ihr Gegenstück finden lassen

Aschermittwoch	1.	Erster Tag der Fastenzeit: Mit diesem Tag beginnt die Vorbereitung auf Ostern. Die Fastenzeit dauert 40 Tage.
Maria Verkündigung	2.	Der Engel Gabriel verkündet Maria, dass sie Gottes Sohn empfangen und gebären wird. Maria sagt „Ja" zu dieser Aufgabe.
Palmsonntag	3.	Jesus zieht in Jerusalem ein und wird von den Menschen begeistert empfangen und bejubelt. Sie heißen ihn mit Palmwedeln willkommen.
Gründonnerstag	4.	Mit seinen Jüngern feiert Jesus das letzte Abendmahl. Vor dem Mahl wäscht er ihnen allen als Freundschaftsdienst die Füße.
Karfreitag	5.	Nachdem er verraten und verurteilt wurde, wird Jesus ans Kreuz geschlagen. Um 15 Uhr stirbt Jesus am Kreuz.
Ostern	6.	Frauen finden das Grab von Jesus leer vor. Jesus ist von den Toten auferstanden. Dies ist das wichtigste Fest von uns Christen.
Christi Himmelfahrt	7.	Jesus fährt in den Himmel auf, nachdem er sich von seinen Anhängern verabschiedet hat.
Pfingsten	8.	Jesus sendet den Jüngern den Heiligen Geist. Dieser macht ihnen Mut, in aller Welt von Jesus und seiner Botschaft zu erzählen.
Fronleichnam	9.	Hochfest des Leibes Christi: Mit einer Prozession wird der Leib Christi (Hostie) durch die Kirchengemeinde getragen.
Maria Himmelfahrt	10.	Nach ihrem Tod fährt Maria in den Himmel auf.

Kirchenfeste und Feiertage im Frühling und Sommer

Name: ______________________ Datum: ______________________

1. Verbinde die Namen der Kirchenfeste mit ihrer Bedeutung.

Pfingsten	Hochfest des Leibes Christi: Mit einer Prozession wird der Leib Christi (Hostie) durch die Kirchengemeinde getragen.
Ostern	Nachdem er verraten und verurteilt wurde, wird Jesus ans Kreuz geschlagen. Um 15 Uhr stirbt Jesus am Kreuz.
Karfreitag	Nach ihrem Tod fährt Maria in den Himmel auf.
Gründonnerstag	Jesus sendet den Jüngern den Heiligen Geist. Dieser macht ihnen Mut, in aller Welt von Jesus und seiner Botschaft zu erzählen.
Palmsonntag	Mit seinen Jüngern feiert Jesus das letzte Abendmahl. Vor dem Mahl wäscht er ihnen allen als Freundschaftsdienst allen die Füße.
Aschermittwoch	Frauen finden das Grab von Jesus leer vor. Jesus ist von den Toten auferstanden. Dies ist das wichtigste Fest von uns Christen.
Maria Verkündigung	Jesus fährt in den Himmel auf, nachdem er sich von seinen Anhängern verabschiedet hat.
Maria Himmelfahrt	Erster Tag der Fastenzeit: Mit diesem Tag beginnt die Vorbereitung auf Ostern. Die Fastenzeit dauert 40 Tage.
Christi Himmelfahrt	Jesus zieht in Jerusalem ein und wird von den Menschen begeistert empfangen und bejubelt. Sie heißen ihn mit Palmwedeln willkommen.
Fronleichnam	Der Engel Gabriel verkündet Maria, dass sie Gottes Sohn empfangen und gebären wird. Maria sagt „Ja" zu dieser Aufgabe.

2. Bringe die Kirchenfeste in die richtige Reihenfolge.

1. ______________________ 2. ______________________ 3. ______________________

4. ______________________ 5. ______________________ 6. ______________________

7. ______________________ 8. ______________________ 9. ______________________

10. ______________________

Kirchenfeste und Feiertage im Herbst und Winter

3./4. Klasse

45 min

Arbeitsblatt

Die Schüler sind in der Lage, die Bedeutung verschiedener Kirchenfeste im Herbst und Winter zu erzählen, und sie kennen die Abfolge der Feste im Jahreskreis.

Arbeitsblatt kopieren

- Der Lehrer fragt die Schüler: „Welche Kirchenfeste kennt ihr?" Die Antworten werden gesammelt.
- Der Lehrer fragt weiter: „Kennt ihr auch die Bedeutungen dieser Feste?"
- Der Lehrer teilt das Arbeitsblatt aus.
- In Partnerarbeit lösen die Schüler den ersten Arbeitsauftrag.
- Die Lösungen werden in der Klasse besprochen.
- In Partnerarbeit lösen die Schüler den zweiten Arbeitsauftrag.
- Die Lösungen werden in der Klasse besprochen.
- Die Schüler kommen in den Sitzkreis.
- Der Lehrer bittet die Schüler, einen Moment ganz still zu werden und sich an das letzte Kirchenfest, das sie gefeiert haben, zu erinnern: „Welche schönen Erlebnisse hattet ihr da?"
- Die Schüler erzählen.

- Feste der Stunde „Kirchenfeste und Feiertage im Frühling und Sommer" mit einbeziehen
- Festigung: Schülern Zettel mit einem Fest auf den Rücken kleben, durch „Ja / Nein" -Fragen Fest erraten lassen
- Fest und Bedeutung als Karten ausschneiden und jedem Schüler eine Karte geben, Schüler durch Herumfragen ihr Gegenstück finden lassen

Advent	1.	Der Advent ist die Vorbereitungszeit auf Weihnachten. Den 1. Advent feiern wir 4 Sonntage vor Weihnachten.
Nikolaus	2.	Gedenktag des Heiligen Nikolaus: Der Bischof von Myra verteilte Lebensmittel an Kinder.
Weihnachten	3.	Jesus wird in einem Stall in Betlehem geboren. Am 25. Dezember feiern wir Christen den Geburtstag von Jesus Christus.
Heilige Drei Könige	4.	Drei weise Männer aus dem Morgenland besuchen und beschenken Jesus.
Taufe Jesu	5.	Jesus wird von Johannes dem Täufer im Jordan getauft. Daran soll uns dieser Gedenktag erinnern.
Blasius	6.	Gedenktag des Heiligen Blasius: Um Blasius Hilfe wird vor allem gebetet, wenn man erkältet ist.
Erntedank	7.	An diesem Tag danken wir Gott für die Ernte, die uns geschenkt wurde.
Allerheiligen	8.	Gedenktag für alle Heiligen.
Allerseelen	9.	Gedenktag für alle Verstorbenen.
Martinstag	10.	Gedenktag des Heiligen Martins: Der Heilige Martin ist uns ein großes Vorbild im Miteinander-Teilen.

Kirchenfeste und Feiertage im Herbst und Winter

Name: ____________________ Datum: ____________________

1. Verbinde die Namen der Kirchenfeste mit ihrer Bedeutung.

Taufe Jesu	Drei weise Männer aus dem Morgenland besuchen und beschenken Jesus.
Allerheiligen	Jesus wird in einem Stall in Betlehem geboren. Am 25. Dezember feiern wir Christen den Geburtstag von Jesus Christus.
Martinstag	Jesus wird von Johannes dem Täufer im Jordan getauft. Daran soll uns dieser Gedenktag erinnern.
Heilige Drei Könige	Gedenktag des Heiligen Nikolaus: Der Bischof von Myra verteilte Lebensmittel an Kinder.
Allerseelen	Gedenktag des Heiligen Martins: Der Heilige Martin ist uns ein großes Vorbild im Miteinander-Teilen.
Advent	Gedenktag des Heiligen Blasius: Um Blasius Hilfe wird vor allem gebetet, wenn man erkältet ist.
Blasius	An diesem Tag danken wir Gott für die Ernte, die uns geschenkt wurde.
Erntedank	Der Advent ist die Vorbereitungszeit auf Weihnachten. Den 1. Advent feiern wir 4 Sonntage vor Weihnachten.
Weihnachten	Gedenktag für alle Verstorbenen.
Nikolaus	Gedenktag für alle Heiligen.

2. Bringe die Kirchenfeste in die richtige Reihenfolge.

1. ____________ 2. ____________ 3. ____________

4. ____________ 5. ____________ 6. ____________

7. ____________ 8. ____________ 9. ____________

10. ____________

Kirchenjahr-Memory®

3./4. Klasse	45 min	Vorlage „Memory®-Karten“, Scheren

Die Schüler können den Festen im Jahreskreis Bilder zuordnen und erhalten kurze Informationen über den Festinhalt.

Memory®-Karten auf festeres DIN-A3-Papier kopieren

- Der Lehrer schreibt den Oberbegriff „Christliche Feste“ an die Tafel. Die Schüler sammeln dazu passende Unterbegriffe.
- Der Lehrer teilt das Arbeitsblatt aus.
- Die Schüler schneiden die Bilder aus.
- Die Schüler tragen ihr Wissen zu den Bildern mündlich zusammen
- Der Lehrer fasst das Wissen zusammen und ergänzt Informationen.
- Die Schüler spielen miteinander oder gegeneinander Memory®, indem immer zwei Schüler ihre Karten zusammenlegen.

- Memory®-Karten nach Kenntnisstand der Kinder auswählen
- nur bestimmte Feste (nach aktuellem Schwerpunkt o. Ä.) auswählen
- Karten werden dem Zeitpunkt im Kirchenjahr entsprechend im Klassenzimmer aufhängen und sammeln, Memory® dann erst am Ende des Jahres spielen
- passende Textkarten zu den Bildkarten vorbereiten und beim Memory® immer „Text – Bild“ zuordnen lassen (alternativ auch „Text – Text“):

Advent	Allerheiligen / Allerseelen	Aschermittwoch	Christi Himmelfahrt
Erntedank	Fronleichnam	Gründonnerstag	Heilige Drei Könige
Karfreitag	Maria Himmelfahrt	Nikolaus	Ostern
Palmsonntag	Pfingsten	Sankt Martin	Weihnachten

Kirchenjahr-Memory®

Name: ____________________ Datum: ____________________

Klosterleben

3./4. Klasse

45 min

Arbeitsblatt, evtl.
Bild von Kloster

Die Schüler kennen Leben, Lebensform und Tagesablauf von Ordensleuten.

Arbeitsblatt kopieren, Bild von Kloster vom Arbeitsblatt evtl. auf DIN A3 kopieren

- Der Lehrer legt ein Bild eines Klosters als stillen Impuls auf den OHP oder zeigt ein Bild im DIN-A3-Format.
- Die Schüler erraten das Gebäude als Kloster und erzählen von ihren Erfahrungen mit Klöstern: Wo gibt es eines? Wo habe ich eines in den Ferien gesehen? Was waren meine Beobachtungen?
- Welche Tätigkeiten üben Ordensleute aus? Die Schüler stellen Vermutungen an: beten, singen, Gottesdienste feiern, unterrichten, Theologie studieren, in der Landwirtschaft arbeiten, Wein anbauen, Bier brauen, Gasthäuser betreiben, Ratsuchenden helfen, Armen etwas zu essen geben, Pilgern eine Ort zum Schlafen geben, Bibel lesen, Kranke pflegen
- Der Lehrer schreibt die Tätigkeiten an die Tafel.
- Der Lehrer teilt das geknickte Arbeitsblatt (bzw. die obere Hälfte) aus.
- Die Schüler wählen sich fünf (oder je nach Zeit andere Anzahl) der Tätigkeiten aus und malen diese in die Fenster der Klosterfassade.
- Die Schüler falten das Arbeitsblatt auseinander bzw. der Lehrer teilt die zweite Hälfte des Arbeitsblattes aus.
- Die Schüler vermuten nun, welchen (exemplarischen!) Tagesablauf Ordensleute haben. Der Lehrer hilft beim Ausfüllen der Lücken.
- Zum Abschluss äußern die Schüler ihren Eindruck vom Leben der Nonnen und Mönche.

(Exemplarischer) Tagesablauf von Ordensfrauen und Ordensmännern:
05.30 Uhr Vigil / (Gebet zur) Nachtwache
06.15 Uhr Eucharistiefeier
07.15 Uhr Laudes / Morgengebet
07.30 Uhr Frühstück
08.30 Uhr Arbeiten
12.00 Uhr Mittagsgebet
12.15 Uhr Mittagessen
13.00 Uhr Mittagsruhe
14.00 Uhr Arbeiten
17.00 Uhr Vesper / Abendgebet
18.00 Uhr Abendessen
18.45 Uhr Freizeit
20.00 Uhr Komplet / Nachtgebet
21.00 Uhr Nachtruhe

Klosterleben

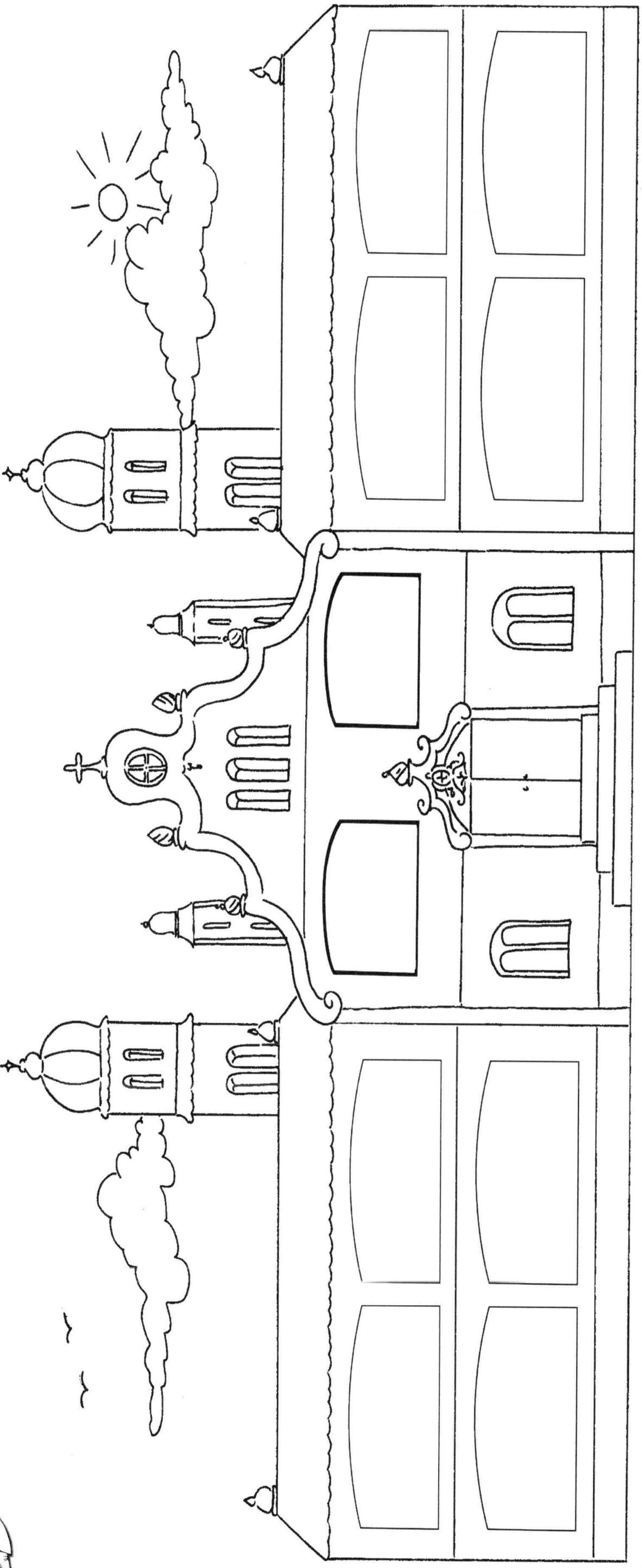

Tagesablauf von Ordensfrauen und Ordensmännern

05.30 Uhr Vigil / ______________________

06.15 Uhr Eucharistiefeier

07.15 Uhr Laudes / ______________________

07.30 Uhr ______________________

08.30 Uhr ______________________

12.00 Uhr Mittagsgebet

12.15 Uhr ______________________

13.00 Uhr Mittagsruhe

14.00 Uhr ______________________

17.00 Uhr Vesper / ______________________

18.00 Uhr ______________________

18.45 Uhr Freizeit

20.00 Uhr Komplet / ______________________

21.00 Uhr Nachtruhe

Kreuzweg – der Leidensweg von Jesus

4. Klasse

45 min

Arbeitsblatt, Blanko-Blätter/Schülerhefte, Scheren, Klebstoff

Die Schüler sind in der Lage, einige Stationen des Kreuzweges aufzuzählen.

Arbeitsblatt kopieren, Bild „Jesus am Kreuz" vergrößern

- Als stummen Impuls zeigt der Lehrer ein Bild des gekreuzigten Jesus.
- Die Schüler äußern sich dazu und erzählen, was sie bereits wissen.
- Der Lehrer erklärt, dass Jesus vor seinem Tod einen Leidensweg hinter sich bringen musste: „In vielen Kirchen gibt es Darstellungen dieses Kreuzweges von Jesus. An Karfreitag, wenn wir Christen des Leidens und Sterbens Jesu gedenken, werden an vielen Orten Kreuzwegandachten abgehalten. Ein traditioneller Kreuzweg hat 14 Stationen, heute werden aber auch oft 15 Stationen dargestellt. Welche Stationen es gibt und in welcher Reihenfolge sie dargestellt werden, wird durch dieses Dominospiel angezeigt."
- Der Lehrer teilt das Arbeitsblatt aus.
- Die Schüler schneiden die Karten aus und spielen Domino miteinander.
- Die Schüler legen die Karten in der richtigen Reihenfolge hin.
- Der Kreuzweg wird in der Klasse besprochen und Fragen geklärt.
- Die Schüler kleben den Kreuzweg in ihr Heft oder auf ein leeres Blatt Papier.

- Dominokarten mit abgedeckten Bildern kopieren und Schüler die Wörter zeichnen lassen
- Dominokarten mit abgedeckten Wörtern kopieren und Schüler die Bilder zeichnen lassen

Kreuzweg – der Leidensweg von Jesus

Name: ______________________ Datum: ______________________

Schneide die Karten aus.
Spiele mit einer Mitschülerin / einem Mitschüler Domino.
Klebe danach die Karten in der richtigen Reihenfolge in dein Heft oder auf ein Blatt.

START	Jesus wird zum Tode verurteilt.		Jesus nimmt das Kreuz auf seine Schulter.
	Jesus fällt das erste Mal unter dem Kreuz zusammen.		Jesus begegnet seiner Mutter.
	Simon von Cyrene hilft, Jesus das Kreuz tragen.		Veronika reicht Jesus ein Schweißtuch.
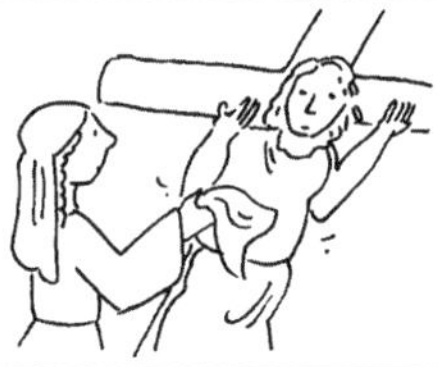	Jesus fällt das zweite Mal unter dem Kreuz zusammen.		Jesus begegnet den weinenden Frauen.
	Jesus fällt das dritte Mal unter dem Kreuz zusammen.		Jesus wird seiner Kleider beraubt.
	Jesus wird ans Kreuz genagelt.		Jesus stirbt am Kreuz.
	Jesus wird vom Kreuz genommen und in die Arme seiner Mutter gelegt.		Jesus wird in das Grab gelegt. Das Grab wird mit einem Stein verschlossen.
	Jesus ist auferstanden!		**ENDE**

Liturgische Farben

3./4. Klasse

45 min

Arbeitsblatt, farbiges Papier

Die Schüler kennen die Bedeutung der liturgischen Farben und können diese erklären.

Arbeitsblatt kopieren, fünf Blatt Papier (rot, grün, weiß, violett, rosa, schwarz) bereitlegen

- Der Lehrer klebt fünf farbige Blatt Papier an die Tafel (rot, grün, weiß, violett, rosa, schwarz). Die Schüler asssoziieren ihre Gedanken zu den Farben und stellen Vermutungen über ihre Bedeutung an.
- Der Lehrer erklärt: „Farben bereichern unser Leben. Sie machen das Leben bunt. Farben können Stimmungen ausdrücken. Liturgische Farben sind Farben, die wir z. B. an Gewändern von Priestern sehen können. Zu bestimmten Anlässen oder Zeiten oder Feiertagen kommen unterschiedliche Farben zum Tragen. Sie sollen unsere Sinne ansprechen und auf unsere Stimmung einwirken."
- Der Lehrer teilt das Arbeitsblatt aus.
- Die Schüler ergänzen Lückentext und malen die Rahmen der Texte in der gesuchten Farbe aus.
- Zum Abschluss lösen die Schüler das Rätsel lösen und malen die Gewänder im Bild entsprechend an.

- Schüler ein eigenes Messgewand entwerfen lassen

- Gold (im Messbuch wird allgemein von einer festlichen Farbe gesprochen) ist eine besonders festliche Farbe; sie darf an Feiertagen Weiß, Rot oder Grün ersetzen.
- Blau ist gemäß mehrfacher Feststellung der Ritenkongregation keine liturgische Farbe (mit Ausnahme von Spanien am Fest der Unbefleckten Empfängnis und in der Oktav). Früher wurde Blau an Marienfesten verwendet. Sofern noch alte blaue Gewänder vorhanden sind, dürfen sie weiterhin benutzt werden. Neue blaue Gewänder sollten jedoch nicht mehr hergestellt werden.

Violett ist die Farbe der Trauer und der Buße; sie wird in der Fastenzeit und in der Adventszeit, an Allerseelen sowie bei Beerdigungen und bei der Feier des Sakraments der Beichte getragen.

Rot ist die Farbe des Blutes und des Feuers; sie wird an Pfingsten, bei Firmungen, an Apostel- und Märtyrerfesten sowie an Palmsonntag und Karfreitag getragen.

Rosa ist eine Aufhellung der Farbe Rot und kann am 3. Adventssonntag (Gaudete) bzw. am 4. Fastensonntag (Laetare) statt Violett getragen werden.

Grün ist die Farbe der Hoffnung und aufgehenden Saat; sie wird bei Gottesdiensten im Jahreskreis, getragen, wenn keine andere liturgische Farbe vorgesehen ist.

Schwarz ist allgemein die Farbe der Trauer. Sie kann bei Totenmessen und Beerdigungen statt Violett getragen werden.

Weiß ist die Farbe der Reinheit, des Lichtes und der Freude. Sie wird an Weihnachten und Ostern, in der Weihnachts- und Osterzeit, bei Marienfesten, an Allerheiligen, bei Hochzeiten und Taufen, an Gründonnerstag und Fronleichnam sowie bei Festen des Herrn und seiner Heiligen, soweit sie nicht Märtyrer sind, getragen.

Liturgische Farben

Name: ______________________ Datum: ______________________

________ ist die Farbe der Reinheit, des Lichtes und der Freude. Sie wird an Weihnachten und Ostern, in der Weihnachts- und Osterzeit, bei Marienfesten, an Allerheiligen, bei Hochzeiten und Taufen, an Gründonnerstag und Fronleichnam sowie bei Festen des Herrn und seiner Heiligen, soweit sie nicht Märtyrer sind, getragen.

________ ist die Farbe des Blutes und des Feuers; sie wird an Pfingsten, bei Firmungen, an Apostel- und Märtyrerfesten sowie an Palmsonntag und Karfreitag getragen.

________ ist eine Aufhellung der Farbe ________ und kann am 3. Adventssonntag (Gaudete) bzw. am 4. Fastensonntag (Laetare) statt ________ getragen werden.

________ ist allgemein die Farbe der Trauer. Sie kann bei Totenmessen und Beerdigungen statt ________ getragen werden.

________ ist die Farbe der Trauer und der Buße; sie wird in der Fastenzeit und in der Adventszeit, an Allerseelen sowie bei Beerdigungen und bei der Feier des Sakraments der Beichte getragen.

________ ist die Farbe der Hoffnung und aufgehenden Saat; sie wird bei Gottesdiensten im Jahreskreis, getragen, wenn keine andere liturgische Farbe vorgesehen ist.

Rätsel: Der Priester sucht ein Messgewand. Hilf ihm, indem du die Gewänder anmalst:

- Das rote Messgewand hängt in der Mitte.
- Das grüne Messgewand hängt links neben dem roten.
- Das weiße Messgewand hängt zwischen dem roten und dem violetten.
- Das schwarze Messgewand hängt ganz am Rand.
- Das rosafarbene Messgewand hängt rechts neben dem violetten.

Mirjam

3./4. Klasse

45 min

Arbeitsblatt

Die Schüler sind in der Lage, einige Instrumente, die zur Zeit des Alten Testamentes verwendet wurden, aufzuzählen.
Die Schüler haben Mirjam als Schwester von Mose und als Musikerin kennengelernt.

Arbeitsblatt auf DIN A3 vergrößert kopieren und in 2 DIN-A4-Blätter teilen

- Der Lehrer fragt: „Welche Instrumente kennt ihr?“ Die Schüler zählen auf.
- Der Lehrer fährt fort: „Welche Instrumente wurden zur Zeit von Moses gespielt?“
- Der Lehrer teilt das Arbeitsblatt mit dem Suchrätsel aus.
- Die Schüler lösen das Rätsel in Partnerarbeit.
- Die Lösungen werden in der Klasse besprochen.
- Der Lehrer erzählt: Mose hatte eine ältere Schwester, die Mirjam hieß. Als Moses geboren wurde, hatte der Pharao den Auftrag gegeben, dass alle neugeborenen Knaben der Hebräer getötet werden sollten. Damit sie Mose retten konnten, flochten die Mutter und Mirjam ein Binsenkörchen. Sie legten das Baby Moses hinein und ließen den Korb auf dem Nil schwimmen. Moses wurde von der Tochter des Pharaos gefunden und sie zog ihn wie ihren eigenen Sohn auf. Später lernte dann Moses seine eigene Mutter und auch seine Schwester kennen.
  Viel später, als Moses ein erwachsener Mann war, bekam er von Gott den Auftrag, das Volk Israel aus der Gefangenschaft in Ägypten herauszuführen. Es brauchte lange und 10 Plagen, bis der Pharao bereit war, die Israeliten ziehen zu lassen. Als die Israeliten weg waren, änderte der Pharao seine Meinung und ließ die Israeliten verfolgen. Beim Schilfmeer hatte die Armee des Pharaos das Volk Israel fast eingeholt, aber mit Gottes Hilfe konnte Moses das Schilfmeer teilen, sodass die Israeliten trockenen Fußes ans andere Ufer ziehen konnte. Als die Soldaten mitten im Meer waren, kam das Wasser zurück und sie ertranken. Die Israeliten aber waren alle wohlbehalten am anderen Ufer angekommen. Mirjam war eine sehr mutige Frau und weil sie ihren Bruder Moses unterstützte, war sie mit einigen Frauen dem Volk vorangegangen. Sie war mit den Frauen unter den Ersten, die das rettende Ufer erreichten. Alle waren erleichtert und voller Freude darüber, dass sie nun endgültig aus der Sklavenschaft der Ägypter entkommen waren. Mirjam war auch eine Musikerin und hatte ihre Pauke immer dabei und erfand auch immer zur Gelegenheit passende Lieder. Mirjam nahm also ihre Pauke und fing an zu trommeln. Die anderen Frauen nahmen ihre Tamburine und machten mit.
- Der Lehrer unterbricht die Erzählung und fragt: „Wie das wohl getönt hat? Lasst uns das einmal ausprobieren.“ Der Lehrer und die Schüler trommeln auf die Pulte in verschiedenen Rhythmen und in verschiedenen Gruppierungen.
- Der Lehrer erzählt weiter: Mirjam und die Frauen hatten schnell einen guten Rhythmus zusammen. Einige der Frauen fingen an zu tanzen und dann fiel Mirjam auch ein Lied ein, das bald alle mitansingen. Mit ihrem Tanz, dem Rhythmus und dem Lied wurden alle angesteckt. Bald feierte das ganze Volk Israel die Befreiung aus Ägypten.“
- Der Lehrer teilt das Arbeitsblatt mit den tanzenden und singenden Frauen aus.
- Die Schüler ordnen den Noten den entsprechenden Buchstaben zu und finden so heraus, was Mirjam gesungen hat („Lasst uns alle dem Herrn singen, denn er hat uns gerettet.“).
- Die Lösung wird in der Klasse besprochen und die Schüler versuchen, einen geeigneten Trommelrhythmus dazu zu finden.

A D E G H I L M N R S T U

𝄾 = Wortabstand

Q	W	Ä	Z	T	A	M	B	U	R	I	N
T	X	I	A	S	D	F	G	H	J	K	L
R	Y	A	B	C	X	R	H	K	F	S	T
I	A	B	C	D	Ö	P	A	U	K	E	F
A	G	H	I	J	X	K	R	L	M	Q	N
N	O	P	R	H	S	T	F	U	V	W	X
G	Ü	T	R	O	M	P	E	T	E	Y	Z
E	B	C	D	R	E	F	G	H	X	I	J
L	K	L	M	N	O	Q	R	S	T	U	V
W	X	Y	Z	V	A	B	C	D	E	F	G
H	I	J	K	L	M	N	F	L	Ö	T	E
O	P	Q	R	S	T	U	V	W	X	Z	Q

Mirjam

In diesem Suchrätsel sind 7 Instrumente, welche bereits zur Zeit Moses gespielt wurden versteckt. Finde sie und markiere sie.

Q	W	Ä	Z	T	A	M	B	U	R	I	N
T	X	I	A	S	D	F	G	H	J	K	L
R	Y	A	B	C	X	R	H	K	F	S	T
I	A	B	C	D	Ö	P	A	U	K	E	F
A	G	H	I	J	X	K	R	L	M	Q	N
N	O	P	R	H	S	T	F	U	V	W	X
G	Ü	T	R	O	M	P	E	T	E	Y	Z
E	B	C	D	R	E	F	G	H	X	I	J
L	K	L	M	N	O	Q	R	S	T	U	V
W	X	Y	Z	V	A	B	C	D	E	F	G
H	I	J	K	L	M	N	F	L	Ö	T	E
O	P	Q	R	S	T	U	V	W	X	Z	Q

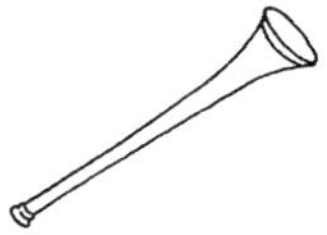

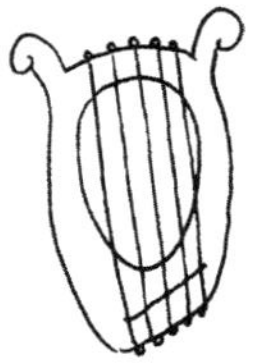

Mirjam

Finde heraus, was Mirjam mit den Frauen gesungen hat. Jeder Buchstabe hat eine ganz bestimmte Musiknote. Ordne die Buchstaben den Noten zu und du kannst lesen, wie das Lied weitergeht.

Mit Jesus unterwegs

 3. Klasse

 45 min

 Arbeitsblatt

Die Schüler machen sich Gedanken zu ihrem Umfeld und zum Umfeld von Jesus.
Die Schüler erkennen, dass auch Jesus – wie sie selbst – eine Familie, Freunde sowie Sorgen und Freuden hatte.

Arbeitsblatt kopieren

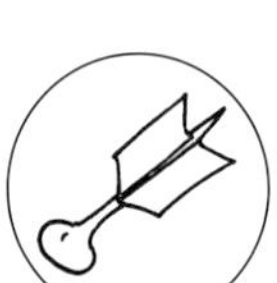

- Der Lehrer bittet die Schüler, aufzustehen, sich einen Partner zu suchen und sich im Raum zu verteilen.
- Lehrer: „Erzählt einander, wer zu eurer Familie gehört, Vater, Mutter, Geschwister ..."
- Die Schüler tauschen sich aus.
- Der Lehrer bittet die Schüler, weiterzugehen und sich einen anderen Partner zu suchen.
- Lehrer: „Erzählt einander, wer eure Freunde sind."
- Die Schüler tauschen sich aus.
- Der Lehrer bittet die Schüler, an ihren Platz zurückzukehren.
- Am Platz überlegen sich die Schüler jeder für sich folgende Fragen: „Was macht mir Freude? Welche Sorgen habe ich?"
- Der Lehrer teilt das Arbeitsblatt aus.
- Der Lehrer erklärt, dass dieser Weg ein Symbol für unseren Lebensweg ist: „Auf diesem Weg begleiten uns unsere Familien, unsere Freunde, aber auch unsere Freuden und unsere Sorgen."
- Als Sicherung schreiben die Schüler ihre Familie, Freunde, Freuden und Sorgen hin.
- Der Lehrer fährt fort: „Auch Jesus begleitet uns auf unserem Weg, er ist immer da für uns. Besprecht mit einem Partner, wer die Familie von Jesus war."
- Die Ergebnisse werden in der Klasse diskutiert und gesichert.
- Mit einem anderen Partner besprechen die Schüler, wer wohl Jesus Freunde waren.
- Die Ergebnisse werden in der Klasse diskutiert und gesichert.
- Mit wieder einem anderen Partner besprechen die Schüler, was wohl Jesus Freude machte.
- Die Ergebnisse werden in der Klasse diskutiert und gesichert.
- Mit erneut einem weiteren Partner besprechen die Schüler, was wohl Jesus Sorgen waren.
- Die Ergebnisse werden in der Klasse diskutiert und gesichert.
- Die Schüler machen (= zeichnen) sich selbst auf den Weg auf dem Arbeitsblatt.

- Familie von Jesus: Maria und Josef
- Freunde von Jesus: 12 Jünger; Lazarus, Maria und Marta; Maria Magdala; Frauen und Männer, die mit ihm unterwegs waren und die ihm zugehört haben; wir alle usw.
- Freude von Jesus: Begegnungen mit Menschen; von Gott Vater erzählen usw.
- Sorgen von Jesus: Ungerechtigkeit; Streit unter den Menschen usw.

Mit Jesus unterwegs

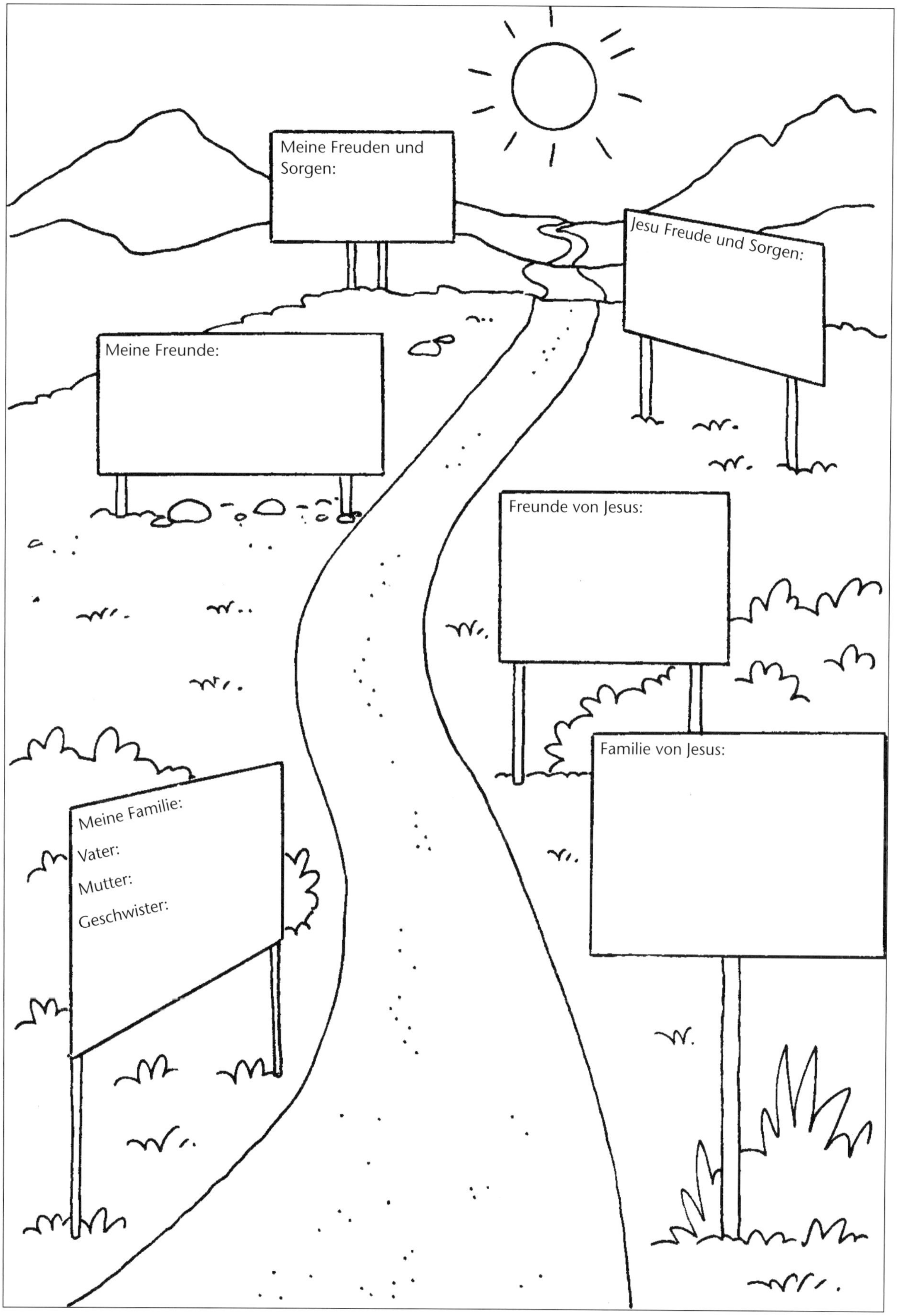

Ordensfrauen und Ordensmänner

3. Klasse

45 min

Arbeitsblatt, evtl. Bilder von Mönch/Nonne, Scheren

Die Schüler können einzelne Teile des Habits von Ordensleuten bezeichnen.

Arbeitsblatt kopieren, Bilder von Mönch / Nonne bereitstellen bzw. Illustrationen größer kopieren

- Der Lehrer zeigt Bild von Nonne oder Mönch als stillen Impuls.
- Der Lehrer erklärt, dass Frauen und Männer, die in Klöstern leben, (neben Ehelosigkeit und Gehorsam) auch in Armut leben sollen: „Das heißt, sie haben keinen bzw. wenig persönlichen Besitz. Auch die Kleidung soll dem Ideal der Armut entsprechen. Die ersten Mönche trugen schlichte und zweckmäßige Arbeitskleidung. Daraus entwickelte sich dann bei den Benediktinern (gegründet im 6. Jahrhundert) eine Standestracht, auch Habit genannt. Benedikt von Nursia schreibt in seiner Ordensregel: ‚Unsrer Meinung nach genügen in Gegenden mit gemäßigtem Klima für jeden Mönch Kukulle und Tunika. [...] Über Farbe oder groben Stoff dieser Kleidungsstücke sollen sich die Mönche nicht beschweren; man nehme alles so, wie es sich in der Gegend, wo sie wohnen, findet, oder was man billiger kaufen kann. Für einen Mönch genügen zwei Tuniken und zwei Kukullen; so kann er zur Nacht und zum Waschen die Kleider wechseln.' Der Habit wurde in späteren Jahrhunderten von neuen Ordensgemeinschaften immer wieder variiert, später erst Gürtel und Skapulier dazugefügt. Die Grundelemente blieben jedoch bestehen: eine Tunika als Unterkleid, zusammengehalten von einem Gürtel, dem Zingulum, darüber das Skapulier, ein Überwurf, der die Tunika bei der Arbeit vor Schmutz schützen sollte, und eine Kukulle mit Kapuze, dem Chormantel für die Gebetszeiten. Bei Frauenorden kommt noch der Schleicher dazu. Der schwarze Schleier zeigt an, dass eine Frau die ewigen Gelübde abgelegt hat, eine Novizin (hat noch keine ewigen Gelübde abgelegt) trägt einen weißen Schleier.
- Die Schüler schneiden die Kleidungsstücke aus und kleiden den Ordensmann oder die Ordensfrau an.

- Zisterzienserinnen tragen eine weiße Tunika mit einem schwarzen Skapulier.
- Kapuzinerinnen tragen normalerweise einen braunen Habit mit braunem Skapulier.
- Dominikaner tragen mehrheitlich eine weiße Tunika mit weißem Skapulier.
- Franziskaner und Kapuziner tragen einen brauen Habit mit braunem Skapulier.
- Franziskaner und Kapuziner / Kapuzinerinnen besitzen als Gürtel einen einfachen Strick mit drei Knoten. Jeder Knoten steht für ein Gelübde: Armut, Keuschheit, Gehorsam.
- Das Skapulier symbolisiert auch das „Joch Christi": Nehmt mein Joch auf euch und lernt von mir; denn ich bin gütig und von Herzen demütig; so werdet ihr Ruhe finden für eure Seele. Denn mein Joch drückt nicht und meine Last ist leicht. (Mt 11,29–30)

Ordensfrauen und Ordensmänner

Name: ______________________ Datum: ______________________

Mönch

Nonne

Petrus verleugnet seinen Freund Jesus

4. Klasse

45 min

Arbeitsblatt, Blanko-Blätter/Schülerhefte, Scheren, Klebstoff

Die Schüler können die Geschichte, wie Petrus seinen Freund Jesus drei Mal verraten hat, erzählen.

Arbeitsblatt kopieren

- Der Lehrer fragt: „Was ist ein guter Freund? Was macht einen guten Freund aus?“
  Die Antworten werden gesammelt, z. B.: „Mit einem Freund kann man gut spielen. Ein Freund teilt. Auf einen Freund kann man sich verlassen. Freunde verraten Geheimnisse nicht weiter. Ein guter Freund steht zu einem und hilft einem in schwierigen Situationen.“
- Der Lehrer fragt weiter: „Ist es euch schon einmal passiert, dass ihr einem Freund ein Versprechen gegeben habt, das ihr dann später so nicht halten konntet? Was ist das für ein Gefühl?“ Die Schüler erzählen.
- Der Lehrer erklärt: „In der Bibel gibt es eine Geschichte von einem Freund von Jesus, der Jesus versprochen hat, dass er immer zu ihm halten wird, aber dieses Versprechen konnte Petrus nicht einhalten. Diese Geschichte habe ich hier mitgebracht. Leider sind die Sätze durcheinandergeraten.“
- Der Lehrer teilt das Arbeitsblatt aus und erteilt Auftrag: „Schneidet bitte alle Sätze aus und ordnet sie zu zweit.“
- Die Resultate werden gesammelt und in der Klasse besprochen. Danach wird die Geschichte in der richtigen Reihenfolge ins Heft oder auf ein leeres Blatt geklebt. Im Anschluss wird die Geschichte nochmals laut vorgelesen.
- Gemeinsam werden folgende Fragen besprochen: „Warum hat Petrus seinen Freund Jesus drei Mal verleugnet? Wie hat sich Petrus nach dem Verrat gefühlt? Wieso hat Petrus geweint?“

- ins Heft eine Szene aus der Geschichte malen

Jesus feierte mit seinen Jüngern das letzte Abendmahl. Er erzählte ihnen, dass einer unter ihnen ihn an diesem Abend verleugnen werde. Petrus rief laut: „Ich werde dich niemals verleugnen!“ Jesus antwortete: „Petrus, Petrus, noch bevor der Hahn morgen kräht, wirst du mich drei Mal verleugnet haben. Petrus rief entrüstet: „Niemals!“ Kurze Zeit später wurde Jesus wurde gefangen genommen und vor den Hohepriester geführt. Während der Verhandlung wartete Petrus draußen auf dem Hof bei den Dienern. Eine Dienerin kam auf Petrus zu und sagte vorwurfsvoll: „Du bist doch einer von den Jüngern von Jesus.“ Petrus stritt dies vor allen Leuten ab und sagte zu ihr: „Ich weiß nicht, wovon du redest.“ Bald darauf kam eine zweite Frau, sie zeigte auf Petrus und rief laut: „Der ist einer der Jünger von Jesus!“ Wieder leugnete Petrus: „Jesus? Wer ist das? Den kenne ich doch gar nicht.“ Die Leute auf dem Hof glaubten ihm nicht. Einer von ihnen sagte: „Du gehörst ganz sicher zu Jesus, du sprichst ja den gleichen Dialekt wie er. Das hört man ganz deutlich.“ Petrus wurde wütend. Fluchend schwor er: „Ich kenne diesen Menschen ganz sicher nicht!“ Kaum hatte er das gesagt, hörte Petrus den Hahn krähen und er musste an die Worte von Jesus denken: „Petrus, Petrus, noch bevor der Hahn morgen kräht, wirst du mich drei Mal verleugnet haben.“ Petrus verließ eilig den Hof und dann begann er, bitterlich zu weinen.

Petrus verleugnet seinen Freund Jesus

Name: ______________________ Datum: ______________________

Petrus rief entrüstet: „Niemals!“
Petrus rief laut: „Ich werde dich niemals verleugnen!“
Petrus stritt dies vor allen Leuten ab und sagte zu ihr: „Ich weiß nicht, wovon du redest.“
Jesus antwortete: „Petrus, Petrus, noch bevor der Hahn morgen kräht, wirst du mich drei Mal verleugnet haben.“
Petrus wurde wütend. Fluchend schwor er: „Ich kenne diesen Menschen ganz sicher nicht!“
Während der Verhandlung wartete Petrus draußen auf dem Hof bei den Dienern.
„Petrus, Petrus, noch bevor der Hahn morgen kräht, wirst du mich drei Mal verleugnet haben.“ Petrus verließ eilig den Hof und dann begann er, bitterlich zu weinen.
Kurze Zeit später wurde Jesus gefangen genommen und vor den Hohepriester geführt.
Bald darauf kam eine zweite Frau, sie zeigte auf Petrus und rief laut: „Der ist einer der Jünger von Jesus!“
Die Leute auf dem Hof glaubten ihm nicht. Einer von ihnen sagte: „Du gehörst ganz sicher zu Jesus, du sprichst ja den gleichen Dialekt wie er. Das hört man ganz deutlich.“
Jesus feierte mit seinen Jüngern das letzte Abendmahl. Er erzählte ihnen, dass einer unter ihnen ihn an diesem Abend verleugnen werde.
Eine Dienerin kam auf Petrus zu und sagte vorwurfsvoll: „Du bist doch einer von den Jüngern von Jesus.“
Kaum hatte er das gesagt, hörte Petrus den Hahn krähen und er musste an die Worte von Jesus denken:
Wieder leugnete Petrus: „Jesus? Wer ist das? Den kenne ich doch gar nicht.“

Pflanzen in der Bibel

4. Klasse | 45 min | Arbeitsblatt

Die Schüler erfahren, dass in der Bibel allerlei Pflanzen erwähnt sind, die auch wir heute noch kennen, und ordnen diese den Bibelstellen und Bildern zu.

Arbeitsblatt kopieren

- Die Schüler nennen im Brainstorming die Pflanzen, die sie kennen. Der Lehrer hält die Nennungen an der Tafel fest bzw. lässt die Schüler sie selbst an die Tafel schreiben.
- Der Lehrer erklärt, dass auch in der Bibel verschiedene Bäumer, Sträucher, Blumen usw. genannt werden: „Wir wissen nicht, wie die Pflanzen damals ausgesehen haben, aber wir wissen, wie sie heute aussehen. Und vermutlich haben sie damals ähnlich ausgesehen."
- Der Lehrer teilt das Arbeitsblatt aus.
- Die Schüler vermuten die Wörter für die Satzergänzungen.
- Die Schüler ordnen die Bilder zu den Antworten und verbinden alles mit einer Linie.
- Die Schüler malen die Pflanzen aus. Der Lehrer nennt evtl. die passenden Farben.

- zwei Gruppen bilden und ein Quiz gegeneinander spielen
- Texte, Wörter und Bilder ausschneiden und auf einem Blanko-Blatt sortieren und aufkleben
- OHP-Folie mit den abgedeckt Wörtern auflegen und Lösungen von den Schülern erraten lassen

Feigenfrüchte sind außen grün oder braun oder violett. Oliven sind grün oder schwarz. Senf blüht gelb. Trauben sind violett oder grün. Eine Sorte des Rizinusstrauches blüht rot. Eicheln sind braun. Zypressen können dunkelgrün sein. Schilf ist grün, der obere Teil braun. Zweige von Palmen sind grün.

Gen 3,7: Da gingen beiden die Augen auf und sie erkannten, dass sie nackt waren. Sie hefteten Feigenblätter zusammen und machten sich einen Schurz.

Gen 13,18: Da zog Abram mit seinen Zelten weiter und ließ sich bei den Eichen von Mamre in Hebron nieder. Dort baute er dem Herrn einen Altar.

Gen 6,14: Mach dir eine Arche aus Zypressenholz! Statte sie mit Kammern aus, und dichte sie innen und außen mit Pech ab!

Ex 2,5: Die Tochter des Pharao kam herab, um im Nil zu baden. Auf einmal sah sie im Schilf das Kästchen und ließ es durch ihre Magd holen.

Gen 8,11: Gegen Abend kam die Taube zu ihm zurück und siehe da: In ihrem Schnabel hatte sie einen frischen Olivenzweig. Jetzt wusste Noach, dass nur noch wenig Wasser auf der Erde stand.

Jona 4,5–6: Da verließ Jona die Stadt und setzte sich östlich vor der Stadt nieder. Er machte sich dort ein Laubdach und setzte sich in seinen Schatten, um abzuwarten, was mit der Stadt geschah. Da ließ Gott, der Herr, einen Rizinusstrauch über Jona emporwachsen, der seinem Kopf Schatten geben und seinen Ärger vertreiben sollte. Jona freute sich sehr über den Rizinusstrauch.

Lk 13,18–19: Er sagte: Wem ist das Reich Gottes ähnlich, womit soll ich es vergleichen? Es ist wie ein Senfkorn, das ein Mann in seinem Garten in die Erde steckte; es wuchs und wurde zu einem Baum und die Vögel des Himmels nisteten in seinen Zweigen.

Joh 12,13: Da nahmen sie Palmzweige, zogen hinaus, um ihn zu empfangen, und riefen: „Hosanna! Gesegnet sei er, der kommt im Namen des Herrn, der König Israels!"

Joh 15,1: Ich bin der wahre Weinstock und mein Vater ist der Winzer.

Pflanzen in der Bibel

Name: ____________________ Datum: ____________________

Adam und Eva bekleideten sich mit	Palmzweige	
Im Ort Mamre baute Abraham einen Altar unter den	Schilf	
Gott gab Noach den Auftrag: Baue mir eine Arche aus dem Holz von	Olivenzweig	
Die Tochter des Pharao fand Mose im Binsenkörbchen am Ufer des Nils im	Zypressen	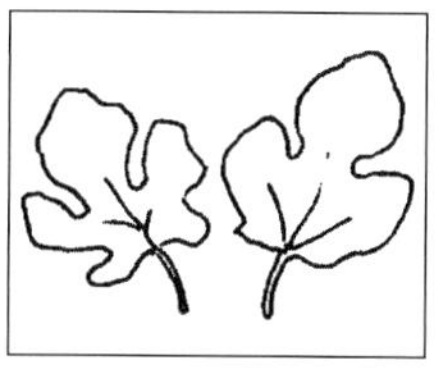
In ihrem Schnabel trug die Taube, die zu Noachs Arche zurückflog, einen	Senfpflanze	
Jesus ist mit dem Esel in Jerusalem eingezogen. In der Hand hielten die Leute	Weinstock	
Jona ruhte vor der Stadt Ninive im Schatten einer Pflanze aus. Es war ein	Eichen	
Jesus vergleicht das Himmelreich mit einer	Feigenblättern	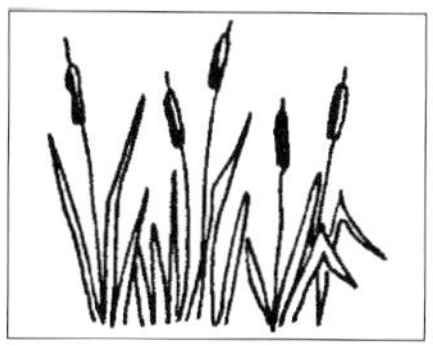
Jesus bezeichnet seinen Vater als Winzer und sagt von sich: Ich bin der	Rizinusstrauch	

Psalmen malen

3./4. Klasse	45 min	Arbeitsblatt, Blanko-Blätter (weiß/farbig), Scheren, Klebstoff

Die Schüler können einen Psalmvers in ein Bild übertragen.
Die Schüler erfahren sich als Teil der Gruppe, arbeiten kooperativ und können sich in die Arbeiten anderer einfühlen.

Arbeitsblatt kopieren

- Der Lehrer erklärt: „Ein Psalm ist ein religiöses Lied, Gebet oder Gedicht. Psalm bedeutet ‚gezupftes Lied' oder ‚Sprechgesang mit Saitenbegleitung'. Das Wort Psalm stammt von dem griechischen Wort ‚psalmós' ab. Das heißt ‚Saitenspiel'. Gemeint sind die Saiten eines Instrumentes. Mit Psalmen danken Juden und Christen Gott. Mit Psalmen werden Dank, Bitte, Lob, Trauer und Klage (und auch Fluch) ausgedrückt. Deshalb sind sie für viele Christen sehr wichtig und werden oft im persönlichen Gebet oder in Gottesdiensten vorgelesen oder auch gesungen. Im Ersten Testament / Alten Testament stehen 150 Psalmen. Das Buch der Psalmen heißt ‚Der Psalter'. Sehr bekannt ist Psalm 23. Er heißt ‚Der gute Hirte'. Darin beschreibt König David, wie gut er es hat, weil Gott sich um ihn kümmert, für ihn sorgt und ihn tröstet."
- Der Lehrer teilt das Arbeitsblatt aus.
- Die Schüler wählen sich einen Psalmvers aus und schneiden ihn aus.
- Die Schüler wählen einen farbigen Hintergrund und kleben den Vers auf das Papier.
- Der Lehrer teilt Klasse in Dreier- oder Vierergruppen auf und lässt diese an Tischgruppen Platz nehmen.
- Die Schüler erhalten den Auftrag, den Vers in ein Bild zu übersetzen: „Male das, was dir zu diesem Vers einfällt."
- Der Lehrer unterbricht die erste Mal-Einheit nach zehn Minuten und lässt das Blatt an den rechten Nachbarn der Dreier- oder Vierergruppe weitergeben.
- Anmerkung: Die Überraschung in der Klasse wird unter Umständen groß sein. Der Lehrer motiviert, diese Herausforderung anzunehmen und sich darauf einzulassen.
- Die Schüler malen weiter.
- Der Lehrer unterbricht die zweite Mal-Einheit nach weiteren fünf bis sieben Minuten und lässt das Blatt wiederum an den rechten Nachbarn der Dreier- oder Vierergruppe weitergeben.
- Der Lehrer unterbricht die dritte Mal-Einheit nach weiteren fünf bis sieben Minuten und lässt das Blatt wiederum an den rechten Nachbarn der Dreier- oder Vierergruppe weitergeben usw.
- Die Schüler erhalten am Ende der Zeit ihr eigenes Bild zurück.
- Der Lehrer wertet mit den Schülern die Aktion gemeinsam aus:
  - Wie gefällt Dir Dein zurückerhaltenes Bild?
  - Wie hast du dich gefühlt, als das Bild weitergegeben wurde?
  - Wer möchte wissen, wer was gemalt hat?
  - Wie bist du mit dem jeweils neuen Bild umgegangen?
  - Was bewegt dich, was ist Dir wichtig?
  - Wie fühlst Du Dich nun?
- (Einzelne) Schüler präsentieren ihr Bild vor der Klasse und erklären, was zu sehen ist.

Psalmen malen

Name: ______________________ Datum: ______________________

Suche dir einen Psalm aus, der dir gefällt, schneide ihn aus und klebe ihn oben (an der hohen oder breiten Kante) auf ein weißes Blatt Papier.

Psalm 4,9: In Frieden leg ich mich nieder und schlafe ein; denn du allein, Herr, lässt mich sorglos ruhen.

Psalm 23,1.2: Der Herr ist mein Hirte; nichts wird mir fehlen. Er lässt mich lagern auf grünen Auen und führst mich zum Ruheplatz am Wasser.

Psalm 27,11a: Zeige mir, Herr, deinen Weg.

Psalm 28,7: Der Herr ist meine Kraft und mein Schild, mein Herz vertraut ihm. Mir wurde geholfen. Da jubelte mein Herz; ich will ihm danken mit meinem Lied.

Psalm 30,12: Da hast du mein Klagen in Tanzen verwandelt, hast mir das Trauergewand ausgezogen und mich mit Freude umgürtet.

Psalm 31,4a: Denn du bist mein Fels und meine Burg.

Psalm 36,6: Herr, deine Güte reicht, so weit der Himmel ist, deine Treue, so weit die Wolken ziehn.

Psalm 74,16: Dein ist der Tag, dein auch die Nacht, hingestellt hast du Sonne und Mond.

Psalm 91,4: Er beschirmt dich mit seinen Flügeln, unter seinen Schwingen findest du Zuflucht, Schild und Schutz ist dir seine Treue.

Psalm 91,11–12: Er hat seinen Engeln befohlen, dass sie dich behüten auf allen deinen Wegen, dass sie dich auf den Händen tragen und du deinen Fuß nicht an einen Stein stößt.

Psalm 95,3–5: In Gottes Hand sind die Tiefen der Erde, sein sind die Gipfel der Berge. Sein ist das Meer, das er gemacht hat, das trockene Land, das seine Hände gebildet.

Psalm 103,2: Lobe den Herrn, meine Seele, und vergiß nicht, was er dir Gutes getan hat:

Psalm 103,6: Der Herr schafft Gerechtigkeit und Recht allen, die Unrecht leiden.

Psalm 104,10–14: Du lässt die Quellen hervorsprudeln in den Tälern [...]. Allen Tieren des Feldes spenden sie Trank, die Wildesel stillen ihren Durst daraus. An den Ufern wohnen die Vögel des Himmels, aus den Zweigen erklingt ihr Gesang. Du tränkst die Berge aus deinen Kammern, aus deinen Wolken wird die Erde satt. Du lässt Gras wachsen für das Vieh, auch Pflanzen für den Menschen, die er anbaut, damit er Brot gewinnt von der Erde und Wein, der das Herz des Menschen erfreut.

Psalm 104,24: Herr, wie zahlreich sind deine Werke! Mit Weisheit hast du sie alle gemacht, die Erde ist voll von deinen Geschöpfen.

Psalm 118,24: Dies ist der Tag, den der Herr gemacht hat; wir wollen jubeln und uns an ihm freuen.

Psalm 139,5: Von allen Seiten umgibst du mich und hältst deine Hand über mir.

Psalm 147,3: Er heilt die gebrochenen Herzen und verbindet ihre schmerzenden Wunden.

Tiere in der Bibel

3. Klasse

45 min

Arbeitsblatt, Blanko-Blätter/Schülerhefte, Scheren, Klebstoff

Die Schüler erweitern ihr Wissen über Tiere in der Bibel und kennen ausgewählte Bibelverse über die zu bearbeitenden Tiere.

Arbeitsblatt kopieren, Bibelverskarten kopieren

- Die Schüler vermuten, welche Tiere die Menschen in biblischer Zeit, in der damaligen Region (heute „Naher Osten") wohl gekannt haben. Der Lehrer erstellt gemeinsam mit den Schülern ein Tafelbild: Schaf, Ziege, Rind, Hund, Esel, Pferd, Kamel, Elefant, Schwein, Taube, Hühnervögel, Bär, Leopard, Löwe, Geier, Wolf, Schakal, Fuchs, Strauß, Hirsch, Gazelle, Steinbock, Nilpferd, Krokodil, Schlange, Skorpion, Käfer, Ameise, Heuschrecke, Biene, Frosch, Fisch.
- Der Lehrer fragt nach bekannten Tieren und Tiergeschichten in der Bibel: Jona und der Wal, Esel beim Einzug in Jerusalem, Daniel in der Löwengrube usw.
- Der Lehrer teilt das Arbeitsblatt aus.
- Die Schüler zeichnen in einem ersten Schritt die Silhouette der Tiere (als Punktezeichnung) nach und benennen das Tier mit einem Wort und füllen damit die Lücken im Text.
- In einem zweiten Schritt schneiden die Schüler die Texte aus und ordnen sie den Tieren zu.
- In einem dritten Schritt kleben die Schüler Tiere und Texte auf ein leeres Blatt Papier auf.
- Zum Abschluss wählen die Schüler einen Bibelvers aus und zeichnen ein Bild dazu:

1 Sam 14,24.27: Zu dieser Jahreszeit gab es überall in der Gegend wilden Honig. Jonathan tauchte das Ende seines Stockes in eine Wabe und leckte den Honig ab. Sofort kam neues Leben in ihn.

Ps 35,5–6: Dann können die Blinden wieder sehen und die Tauben wieder hören. Dann springt der Gelähmte wie ein Hirsch und der Stumme jubelt vor Freude.

Sach 9,9: Freu dich, du Zionsstadt! Jubelt laut, ihr Bewohner Jerusalems! Seht, euer König kommt zu euch! Er bringt Gerechtigkeit, Gott steht ihm zur Seite. Demütig ist er vor seinem Gott. Er reitet auf einem Esel, auf einem starken Eselshengst.

Ps 36,8: Deine Liebe ist unvergleichlich. Du bist unser Gott, du breitest deine Flügel über uns und gibst uns Schutz.

Ps 42,2: Wie ein Hirsch nach frischem Wasser lechzt, so sehne ich mich nach dir, mein Gott!

Jes 1,3: Jedes Rind kennt seinen Besitzer und jeder Esel die Futterkrippe seines Herrn.

Ps 103,5: Mit guten Gaben erhält er mein Leben, täglich erneuert er meine Kraft und ich bleibe jung und stark wie ein Adler.

Sir 11,3: Unansehnlich unter den geflügelten Tieren ist die Biene und doch bringt sie den besten Ertrag ein.

Jes 40,31: Aber alle, die auf den Herrn vertrauen, bekommen neue Kraft, es wachsen ihnen Flügel wie dem Adler.

Tiere in der Bibel

Name: ______________________ Datum: ______________________

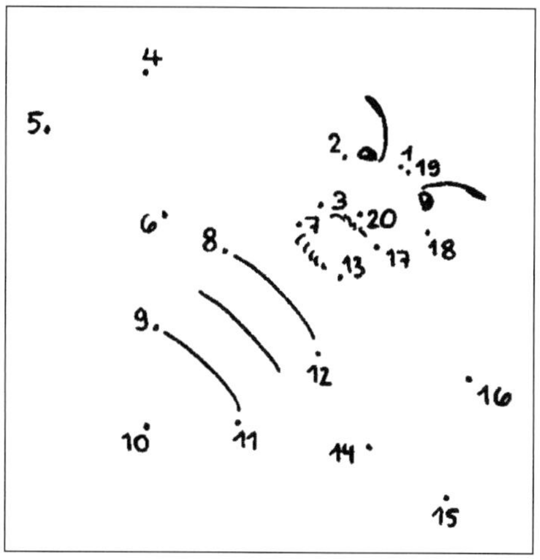

Das hebräische Wort für __________ist „deborah“. Sie wird in der Bibel nur wenig erwähnt: mal als __________schwarm, mal als wilde __________. Die Menschen wussten schon damals, dass die __________ aggressiv sein kann und man kannte bereits im 10. Jahrhundert v. Chr. die Zucht dieser Tierchen und natürlich auch das „Endprodukt“.

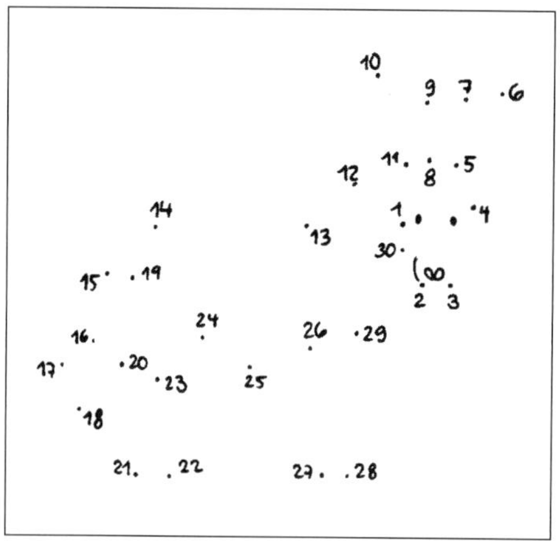

Der __________ ist ein genügsames und friedliches Tier. Man kannte den __________ schon sehr früh als Arbeits-, Reit-, und Lasttier. Der Prophet Bileam reitet auf einer __________ in (vgl. Num. 22). Und Jesus reitet auf einem __________ in die Stadt Jerusalem ein (vgl. Lk 19).

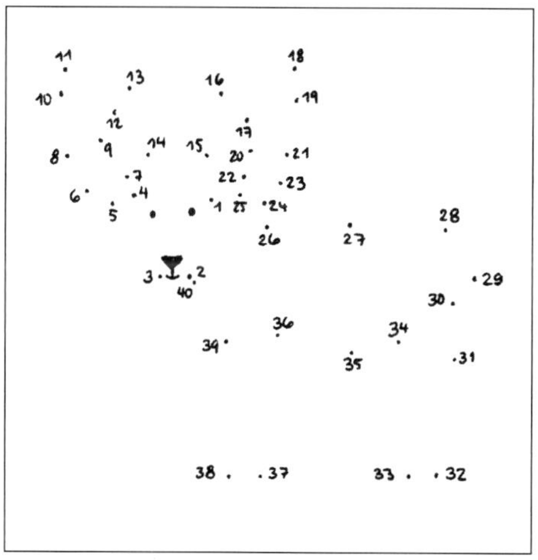

Ein wildlebendes Huftier, das die Israeliten wohl kannten, war der Dam__________. In Gebeten steht der __________ als Symbol für den Lebenshunger und die Sehnsucht nach Gott. __________e können schnell laufen und grosse Sprünge machen. Im Buch Hohelied vergleicht der Mann die Frau gar mit einer Gazelle und die Frau den Mann mit einem __________.

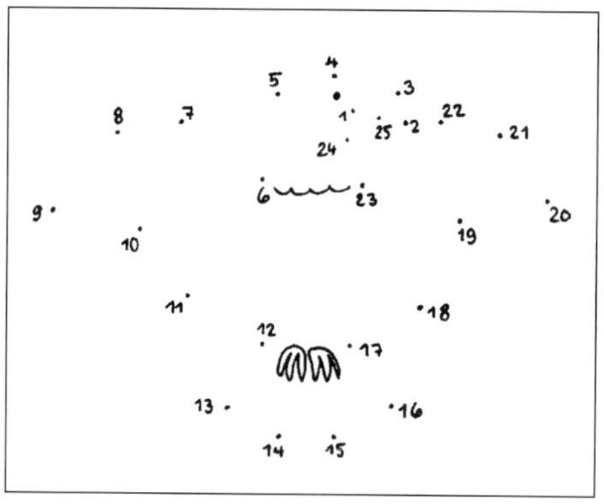

Von den in der Wildnis lebenden Vögeln wird häufig der Gänsegeier erwähnt. Man hat das hebräische Wort später aber mit __________ übersetzt. Man wusste, dass dieser Vogel tote Tiere frisst. Aber man hat den __________ auch wegen seiner majestätischen Art und als König der Lüfte sehr bewundert. In der Bibel steht: Gott beschützt sein Volk, wie ein __________ seine Jungen (Dtn 32,11).

Turmbau zu Babel

3./4. Klasse | 45 min | Arbeitsblatt

Die Schüler können die Geschichte des Turmbaus zu Babel nacherzählen.

Arbeitsblatt kopieren

- Der Lehrer fragt: „Welche Sprachen kennt ihr?" Die Antworten werden gesammelt und festgehalten.
- Der Lehrer fragt weiter: „Warum gibt es eigentlich so viele verschiedenen Sprachen?" Die Schüler spekulieren.
- Der Lehrer führt aus, dass es in der Bibel eine Geschichte gibt, die erklärt, warum es so viele Sprachen gibt.
- Der Lehrer erzählt die Geschichte des Turmbaus zu Babel: *In der Bibel steht: Alle Menschen sprachen die gleiche Sprache. Die Menschen zogen umher und ließen sich mit ihren Zelten da nieder, wo es ihnen gefiel. Eines Tages kamen sie im Osten in eine große und fruchtbare Ebene, die Schinar hieß. Sie ließen sich dort nieder. Es gefiel ihnen da so gut, dass sie für immer da bleiben wollten.*
  Einer hatte die Idee, Häuser aus Stein zu bauen. Alle waren begeistert und sie fingen an, Häuser zu bauen. Dann meinte jemand: „Lasst uns eine ganze Stadt bauen!" Und alle schrien: „Oh ja!" Es wurden immer mehr Häuser gebaut und die Stadt wuchs und wuchs. Die Menschen wurden übermütig. Sie sahen, wie gut der Bau der großen Stadt voranging, und sie dachten sich: „Wir können noch viel mehr! Wir wollen die Größten und die Mächtigsten sein." Einer hatte die Idee dazu: „Lasst uns den höchsten Turm bauen. Ein Turm, der bis in den Himmel reicht. Damit werden wir uns einen Namen machen und berühmt werden." Diese Idee fand großen Anklang bei den Menschen. Sofort begannen sie, einen hohen Turm zu bauen. Der Turm wurde höher und höher und höher.
  Gott aber sah, was die Menschen machten, und er war sehr traurig und auch wütend über die hochmütigen, eingebildeten und überheblichen Menschen. Gott sagte: „So sind die Menschen. Nie ist es ihnen genug. Sie wollen immer noch mehr. Am Ende wollen sie wie Gott selbst sein." Gott beschloss, den Menschen ihre Grenzen aufzuzeigen.
- Der Lehrer stoppt die Erzählung und fragt: „Was hat Gott wohl gemacht?" Die Antworten werden gesammelt und festgehalten.
- Der Lehrer teilt das Arbeitsblatt aus und erklärt, dass sie lesen können, was Gott gemacht hat, wenn sie die Wörter in den Ziegeln in der richtigen Reihenfolge (1–23) aufschreiben.
- Die Schüler bearbeiten Arbeitsblatt.
- Der Lehrer bespricht mit den Schülern Lösung und fährt mit der Geschichte fort: *Die Menschen hatten sich mit der einen Sprache immer gut verstanden und so konnten sie vieles miteinander erreichen und bauen. Nachdem aber Gott ihnen viele Sprachen gegeben hatte, konnten sie sich nicht mehr miteinander verständigen. Wenn jemand nach einem Hammer fragte, erhielt er einen Eimer und so blieb die Arbeit liegen. Die Menschen zogen alle von der Stadt weg in verschiedene Richtungen und zerstreuten sich auf der ganzen Erde. Der Turm blieb unvollendet stehen und wurde nach und nach zur Ruine.*
- Der Lehrer erklärt den Schülern, dass sie den Namen der Stadt mit dem Rätsel herausfinden können.

- die Geschichte mit einem Bilderbuch vorlesen

Gott verwirrte die Sprache der Menschen. Keiner verstand mehr den anderen.
Alles ging drunter und drüber. So konnte nicht mehr weitergebaut werden.
Die Stadt heißt: „BABEL" (Lösungswörter: Bauarbeiter / Hammer / Maßband / Helm / Leiter)

Turmbau zu Babel

Name: ______________________ Datum: ______________________

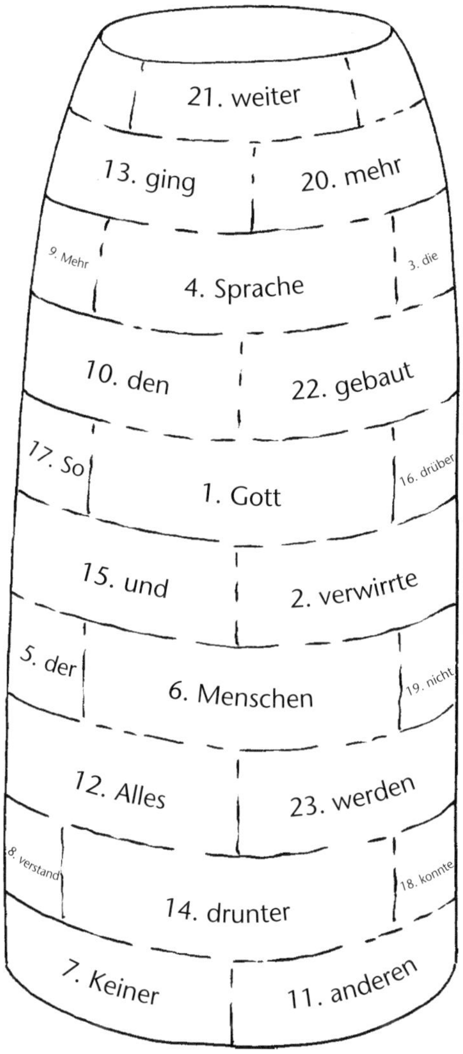

Wie Gott den Menschen Grenzen gesetzt hat, kannst du lesen, wenn du die Wörter der Mauersteine hier in der richtigen Reihenfolge aufschreibst.

____

____

____

____

____

____

____

Wie heißt die Stadt, in der dieser Turm gebaut wurde? Löse das Rätsel mit den Baustellenbegriffen. Beim Pfeil findest du die Antwort.

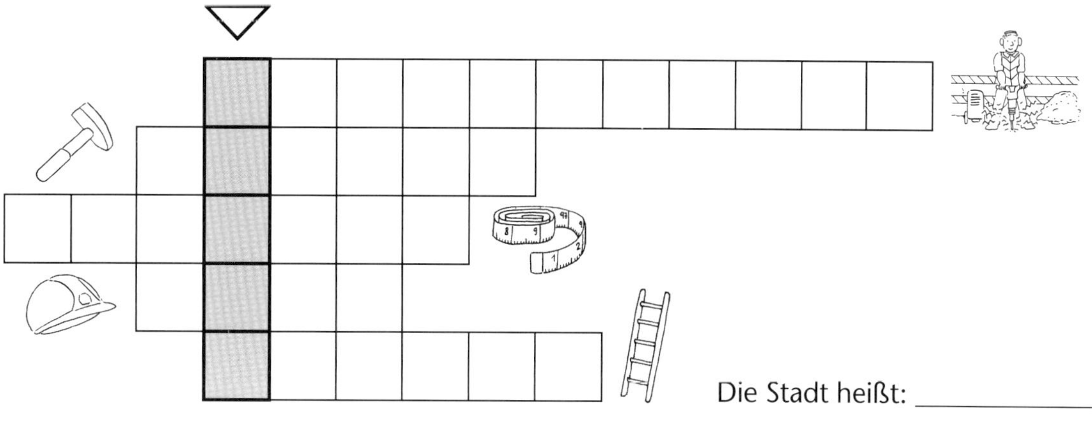

Die Stadt heißt: ______________________

Von Palmsonntag bis Weißer Sonntag

3. Klasse

45 min

Arbeitsblatt, Scheren, Klebstoff, Blanko-Blätter/ Schülerhefte

Die Schüler können den Festen im Jahreskreis Bilder zuordnen und erhalten kurze Informationen über den Festinhalt.

Arbeitsblatt kopieren

- Die Schüler berichten, welche Feste / Gottesdienste sie an Ostern schon erlebt haben, und erzählen von ihren Erfahrungen.
- Der Lehrer erzählt über die Besonderheiten des höchsten Festes im Kirchenjahr, Ostern: „Es gibt eine 40-tägige Vorbereitungszeit und eine 50-tägige Zeit zum Feiern des Osterfestes. Die Woche direkt vor und nach Ostern ist etwas ganz Besonderes."
- Die Schüler schneiden alle Bilder aus.
- Der Lehrer liest die Feste in Kar- und Osterwoche nacheinander vor.
- Die Schüler suchen das passende Bild dazu.
- Die Schüler tragen ihr Wissen zum eben gesuchten Bild mündlich zusammen:
  - Palmsonntag: Jesus zieht in Jerusalem ein und wird von den Menschen begeistert empfangen und bejubelt. Sie heißen ihn mit Palmwedeln willkommen.
  - Gründonnerstag: Mit seinen Jüngern feiert Jesus das letzte Abendmahl. Vor dem Mahl wäscht er ihnen allen als Freundschaftsdienst die Füße.
  - Karfreitag: Nachdem er verraten und verurteilt wurde, wird Jesus ans Kreuz geschlagen. Um 15 Uhr stirbt Jesus am Kreuz.
  - Karsamstag: Tag der Grabesruhe.
  - Ostersonntag: Frauen finden das Grab von Jesus leer vor. Jesus ist von den Toten auferstanden. Dies ist das wichtigste Fest von uns Christen.
  - Ostermontag: Zwei Jünger machen sich von Jerusalem auf nach Emmaus. Jesus erscheint den Emmausjüngern. Sie erkennen ihn, als er mit ihnen Brot und Wein teilt.
  - Weißer Sonntag: Am Sonntag nach Ostern findet an vielen Orten der Tag der feierlichen Erstkommunion statt.
- Der Lehrer fasst das Wissen zusammen und ergänzt Informationen.
- Die Schüler kleben das Bild zum Wort dazu.

- Bilder vorab ausschneiden und die Schüler abwechselnd ein Bild ziehen und dazu erzählen lassen
- ein Herz (Als Christen sollen wir die Feste und Zeiten mit ganzem Herzen begehen. Das Herz ist Symbol für die Liebe und Gott ist die Liebe.) oder ein Kreuz (Als Christen denken wir an jedem Fest an Jesus, der der Mittelpunkt aller Festinhalte ist.) in die Mitte der Wörter malen lassen
- Weihnachtsfestkreis oder Jahreskreis in dieser Art gestalten

Von Palmsonntag bis Weißer Sonntag

Name: ______________________ Datum: ______________________

Palmsonntag

Gründonnerstag

Karfreitag

Karsamstag

Ostersonntag

Ostermontag

Weisser Sonntag

Wallfahrtsspiel

4. Klasse

45 min

Arbeitsblatt, Würfel, Spielfiguren

Die Schüler lernen Motive und Hintergründe einer Wallfahrt kennen und integrieren spielerisch bereits vorhandenes Wissen.

Arbeitsblatt auf dickes DIN-A3-Papier kopieren, Fragekarten und Aktionskarten auf dickes Papier kopieren und ausschneiden

- Der Lehrer teilt die Klasse in Kleingruppen auf (ideal drei Schüler pro Gruppe) und händigt pro Gruppe einen Spielplan und ein Set Fragekarten und ein Set Aktionskarten aus.
- Der Lehrer erklärt die Spielregeln:
  - Ziel des Spieles ist es, möglichst viele Punkte zu sammeln. Für jede richtig beantwortete Frage oder richtig ausgeführte Aktion gibt es einen Strich auf der Strichliste.
  - Fragenkarten (Feld ?) werden beiseitegelegt, Aktionskarten (Feld !) werden nach der Ausführung wieder unter den Stapel geschoben.
  - Die Spieler würfeln reihum und ziehen die gewürfelte Punktzahl. Dabei entscheiden die Schüler, ob sie vorwärts oder rückwärts ziehen. (Bei einer Wallfahrt ist nicht die Geschwindigkeit ausschlaggebend, sondern der Weg ist das Ziel.)
  - Zieht ein Schüler auf ein Fragefeld oder Aktionsfeld, so zieht der Spieler vor ihm die Karte und stellt ihm die Frage oder führt die Aktion mit ihm durch.
  - Zieht ein Spieler auf ein bereits besetztes Feld, muss die dort stehende Spielfigur drei Felder zurückgehen (falls dies ein Fragefeld oder Aktionsfeld ist, wird keine Karte gezogen).
  - Sind alle Frage gelöst, gilt es, so schnell wie möglich ins Ziel zu kommen. Der erste Spieler, der ins Ziel geht, erhält zwei Punkte extra. Danach endet das Spiel.
- Jeder Schüler erzählt am Ende der Stunde von einer Sache, die er als neu erfahren hat.

Ziehe vier Felder zurück! (Falls auf dem Feld ein Ausrufezeichen oder ein Fragezeichen zu sehen ist, führe nichts aus.) !	Ziehe zwei Felder nach vorne! (Falls auf dem Feld ein Ausrufezeichen oder ein Fragezeichen zu sehen ist, führe nichts aus.) !	Vorbeireisende Pilger machen Dir ein Geschenk. Du erhältst einen Punkt extra! !
Du kommst gut voran. Würfle noch einmal! !	Heute willst Du gute Taten vollbringen und machst den Menschen, die mit Dir unterwegs sind, eine Freude. Deine Mitspieler erhalten jeweils einen Punkt extra! !	Deine Füße tun Dir vom Pilgern weh. Setze eine Runde aus! !

Wallfahrtsspiel

Name: ______________________ Datum: ______________________

Woher kommt der Begriff Wallfahrt / Was bedeutet der Begriff „Wallen"?

a. etwas flach machen

b. in eine bestimmte Richtung ziehen

c. bergsteigen

?

Aus welchen Gründen geht man auf die Wallfahrt?

a. aus religiösen Gründen

b. weil Menschen gerne wandern

c. weil Menschen neue Orte für den Urlaub finden wollen

?

Was wollen die Menschen in erster Linie bei einer Wallfahrt?

a. Party, Fun, laute Musik

b. essen, trinken, schlafen

c. Ruhe, Gemeinschaft, Gottesbegegnung

?

Das Wort Pilger kommt vom

a. lateinischen Wort peregrinus.

b. griechischen Wort peregrein.

c. arabischen Wort paragra.

?

Ein Pilger ist (gemäß der Wortbedeutung) eine Person, die

a. auf die Suche nach Gott in die Fremde geht.

b. auf den Spuren eines Heiligen wandelt.

c. mit dem Rucksack wandern geht.

?

Ein Pilger geht auf eine Pilgerreise, weil

a. er Gott für etwas danken will.

b. Wandern fit hält.

c. er nichts Besseres zu tun hat.

?

Der Schutzpatron der Pilger ist der Heilige

a. Martin.

b. Pellegrinus.

c. Jakob.

?

In Santiago die Compostela bekam man früher als Willkommenszeichen und Geschenk am Ende der Pilgerreise

a. ein Holzkreuz.

b. eine Muschel.

c. eine Bibel.

?

Ergänze den Satz: „Ehre sein dem Vater und dem Sohn und dem Heiligen Geist

a. wie im Anfang so auch jetzt und alle Zeit und in Ewigkeit. Amen."

b. die regieren in Herrlichkeit."

c. denn heilig bist Du Herr."

?

Wenn Du das Vater unser korrekt aufsagst, erhältst Du zwei Punkte.

Vater unser im Himmel. Geheiligt werde dein Name. Dein Reich komme. Dein Wille geschehe, wie im Himmel, so auf Erden. Unser tägliches Brot gib uns heute. Und vergib uns unsere Schuld, wie auch wir vergeben unsern Schuldigern. Und führe uns nicht in Versuchung, sondern erlöse uns von dem Bösen. Denn dein ist das Reich und die Kraft und die Herrlichkeit in Ewigkeit. Amen.

?

Wenn Du das Ave Maria korrekt aufsagst, erhältst Du zwei Punkte.

Gegrüßet seist du, Maria, voll der Gnade, der Herr ist mit dir.
Du bist gebenedeit unter den Frauen und gebenedeit ist die Frucht deines Leibes, Jesus.
Heilige Maria, Mutter Gottes, bitte für uns Sünder jetzt und in der Stunde unseres Todes.
Amen.

?

Welcher Ort ist kein Marienwallfahrtsort?

a. Einsiedeln

b. Maria Laach

c. Vierzehnheiligen

?

Ein bekannter internationaler Wallfahrtsort heißt

a. Santiago di Compostela.

b. Berlin Neukölln.

c. München Schwabing.

?

Ein bekannter bayerischer Pilgerort ist

a. Traunstein.

b. Altötting.

c. Coburg.

?

Ein bekannter französischer Pilgerort ist:

a. Lourdes

b. Paris

c. Lyon

?

Der wichtigste Wallfahrtsort der Muslime ist

a. Medina.

b. Mekka.

c. Jerusalem.

?

Eine berühmte griechische Pilger- und Weissagungsstätte des antiken Griechenlands war

a. die Akropolis von Athen.

b. das Orakel von Delphi.

c. die Büchse der Pandorra.

?

Der Refrain eines bekannten neueren Wallfahrtsliedes heißt:

a. Auf Wiedersehen!

b. Gott behüte Dich!

c. Und bis wir uns wiedersehen, halte Gott Dich fest in seiner Hand.

?

Wallfahrtsspiel

Name: ____________________ Datum: ____________________

Start

Ablagefeld „Aktionskarten"

!

Ablagefeld „Fragekarten"

?

Spielernamen	Strichliste

Ziel

Wanderung durch die Wüste

3. Klasse | 45 min | Arbeitsblatt

Die Schüler sind in der Lage, von der Wanderung des Volkes Israel durch die Wüste zu erzählen.

Arbeitsblatt kopieren

- Der Lehrer fragt: „Welche Personen kennt ihr aus der Bibel?" Die Antworten werden gesammelt.
- Der Lehrer fragt weiter: „Kennt ihr Mose? Was wisst ihr zu Mose?"
- Die Antwort der Schüler wird kurz besprochen.
- Der Lehrer erläutert: „Moses hat von Gott den Auftrag bekommen, sein Volk Israel aus der Gefangenschaft in Ägypten herauszuführen. Es brauchte lange und 10 Plagen, bis der Pharao bereit war, die Israeliten ziehen zu lassen. Als die Israeliten weg waren, änderte der Pharao seine Meinung und ließ die Israeliten verfolgen. Beim Schilfmeer hatte die Armee des Pharaos das Volk Israel fast eingeholt, aber mit Gottes Hilfe konnte Moses das Schilfmeer teilen, sodass die Israeliten trockenen Fusses ans andere Ufer ziehen konnte. Als die Soldaten mitten im Meer waren, kam das Wasser zurück und sie ertranken. Heute erfahren wir, wie die Wanderung weiterging."
- Der Lehrer erzählt: Die Israeliten waren sehr froh, dass sie aus der Gefangenschaft hatten entfliehen können. Voller Zuversicht und Freude machten sie sich auf den Weg ins gelobte Land – das Land, das ihnen Gott versprochen hatte. Gott war immer bei ihnen. Am Tag war er in einer Wolkensäule und in Nacht in einer Feuersäule und zeigte ihnen so den Weg. Nach einiger Zeit aber gingen die Essensvorräte zu Ende und in der Wüste konnte nicht genug Essen für alle gefunden werden. Die Israeliten hungerten und sie wurden immer unzufriedener. Einige maulten und sagten: „Ach, wären wir doch in Ägypten geblieben. Da gab es wenigstens immer etwas zu essen." Mose hörte die Klagen und er sprach zu Gott: „Die Menschen hungern und werden immer unzufriedener. Was soll ich nur tun?" Gott versprach zu helfen. Am nächsten Morgen fanden die Menschen rund um ihre Zelte feine, weiße, knusprige Körner vor, die wie Honigkuchen schmeckten. Das war das Himmelsbrot Manna. Das schickte Gott nun jeden Morgen und alle hatten so viel davon, wie sie brauchten. Am Abend schickte Gott nun jeweils Wachteln, sodass das Volk Israel auch mit Fleisch versorgt war. Die Israeliten wanderten weiter und weiter. Die Wanderung war beschwerlich und dauerte nun immer länger. Sie hatten zwar dank Gottes Hilfe immer genug zu essen, aber eines Tages hatten sie kein Wasser mehr und die Leute mussten großen Durst erleiden und das Vieh drohte zu verdursten. Wieder wurden die Menschen unzufrieden und beklagten sich. Und wieder maulten einige: „Ach, wären wir doch nur in Ägypten geblieben." Auch dieses Mal sprach Mose zu Gott und Gott half wieder. Er sagte zu Mose: „Klopfe mit deinem Stab zweimal an den Felsen, bei dem ihr lagert." Moses tat, was Gott ihm aufgetragen hatte, und als sein Stab den Felsen das zweite Mal berührte, sprudelte köstliches Wasser hervor und alle Menschen und Tiere hatten genug zu trinken. Die Wanderung ins gelobte Land war sehr beschwerlich und dauerte lange.
- Der Lehrer teilt das Arbeitsblatt aus.
- Als Sicherung gestalten die Schüler einen Comic zur Erzählung und lösen das Rätsel, wie lange das Volk Israel in der Wüste unterwegs war.
- In der Klasse werden die Comics aller Schüler betrachtet und bestaunt.

Das Volk Israel wanderte VIERZIG Jahre lang durch die Wüste.

Wanderung durch die Wüste

Name: ______________________ Datum: ______________________

Nachdem das Volk Israel den Ägyptern entkommen war, wollten sie ins gelobte Land. So wanderten sie durch die Wüste.

Als ihre Essensvorräte aufgebracht hatten, beklagten sie sich bei Mose über ihren Hunger.

Mose sprach mit Gott. Gott erhörte ihn und er versprach zu helfen. Gott schickte dem Volk Israel jeden Morgen das Himmelsbrot „Manna".

Und jeden Abend schickte Gott ihnen Wachteln, die sie jagen und dann essen konnten.

Sie wanderten zufrieden weiter, bis eines Tages das Wasser ausging. Die Menschen beklagten sich bei Moses über ihren großen Durst.

Mose sprach mit Gott. Gott erhörte ihn und er versprach zu helfen. Gott trug Moses auf, mit seinen Stab zweimal an einen Felsen zu klopfen.

Mose tat, was Gott ihm sagte, und als sein Stab den Felsen das 2. Mal berührte, sprudelte Wasser hervor.

Der Weg durch die Wüste war lang und beschwerlich, bis sie endlich ins gelobte Land ankamen.

Wie lange wanderte das Volk Israel durch die Wüste? Wenn du der richtigen Route entlangfährst, ergeben die Buchstaben zusammengesetzt die Anzahl Jahre.

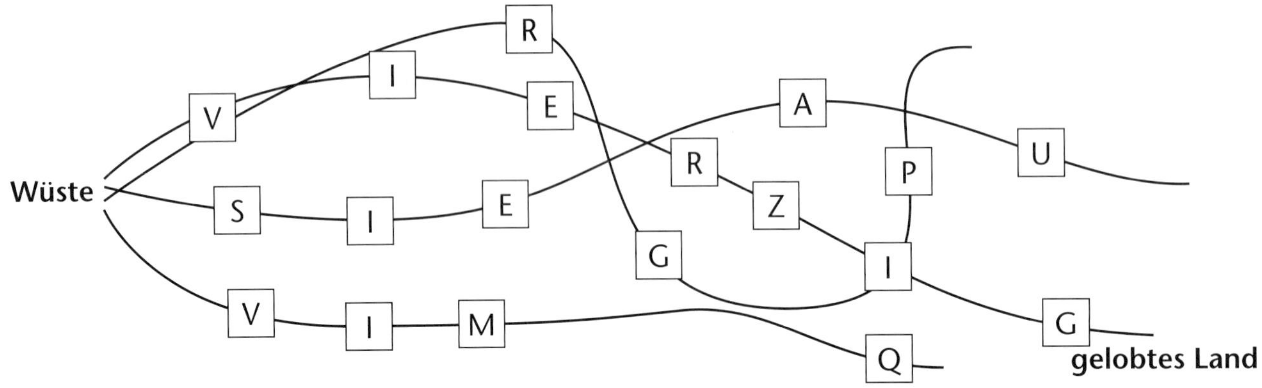

Das Volk Israel wanderte _ _ _ _ _ _ _ Jahre lang durch die Wüste.

Wofür möchte ich danken

3./4. Klasse

45 min

Arbeitsblatt, Blanko-Karten (DIN A6, evtl. farbig)

Die Schüler machen sich Gedanken dazu, was für sie wichtig im Leben ist.
Die Schüler formulieren ein Dankgebet.

Arbeitsblatt kopieren, Blanko-Karten (zwei bis drei pro Schüler)

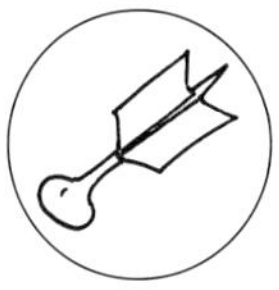

- Der Lehrer kündigt eine besondere Stunde an: „Heute wollen wir versuchen, gut zu hören und dann auch gut in uns selbst hineinzuhören und zu fühlen. Damit wir gut hören und zuhören können, braucht es Stille. Das üben wir jetzt."
- Der Lehrer bittet die Schüler, sich bequem hinzusetzen, und öffnet die Fenster.
- Lehrer: „Wir sind jetzt alle miteinander ganz still und konzentrieren uns auf die Geräusche und Töne, die von außerhalb des Klassenzimmers kommen. Hier im Klassenzimmer machen wir kein einziges Geräusch."
- Die Schüler sind still und hören konzentrieren sich auf die Geräusche von außen.
- Die Schüler erzählen, welche Geräusche sie wahrgenommen haben.
- Der Lehrer teilt die Blanko-Karten aus und bittet die Schüler, einen Stift bereitzulegen.
- Der Lehrer erklärt die nächste Aufgabe: „Wir werden gleich nochmals ganz still sein und uns auf die Geräusche konzentrieren. Dann werde ich euch eine Frage stellen und ihr beantwortet die Frage, indem ihr Stichworte auf die Karten schreibt. Wir bleiben nach der Stilleübung weiterhin ruhig. Jetzt sind wir wieder ganz still, vielleicht klappt es diesmal etwas länger als beim ersten Mal."
- Die Schüler sind still und hören konzentrieren sich auf die Geräusche von außen.
- Der Lehrer stellt die Frage: „Was ist mir wichtig in meinem Leben? Überlegt. Ohne zu sprechen, schreibt ihr es auf eure Karten: eine Sache pro Karte."
- Die Schüler schreiben auf.
- Der Lehrer bittet die Schüler in den Sitzkreis. Alle Karten werden ausgelegt.
- Die Schüler betrachten in Ruhe, und ohne Kommentare abzugeben, alle Karten.
- Der Lehrer fragt: „Was fällt euch auf? Gibt es Fragen oder Anmerkungen?" Wichtig ist, dass die Schüler von ihren Beobachtungen sprechen und keine Bewertungen abgeben.
- Der Lehrer bittet die Schüler, nochmals ganz still zu werden, da er den Schülern eine weitere Frage stellen möchte.
- Die Schüler sind nochmals still und hören konzentrieren sich auf die Geräusche von außen.
- Der Lehrer fährt fort: „Ich stelle jetzt nochmals eine Frage. Jeder überlegt für sich die Antwort, ohne zu sprechen. Was ist überlebenswichtig für dich?"
- Die Antworten werden gesammelt und besprochen.
- Der Lehrer fragt: Wofür seid ihr (Gott) dankbar?" Die Schüler erzählen.
- Die Schüler gehen an den Platz zurück und der Lehrer teilt das Arbeitsblatt aus.
- Die Schüler bearbeiten das Arbeitsblatt.

Vielen Schülern fällt es schwer, ruhig zu sein und Ruhe auszuhalten. Die Stilleübung hilft den Schülern, ihre Wahrnehmung zu schulen und in die Ruhe zu kommen. Es kann sein, dass einige Klassen am Anfang die Stille nur für 15 Sekunden schaffen.

Wofür möchte ich danken

Name: ______________________ Datum: ______________________

Schreibe ein Dankgebet.

Lieber Gott,

Was möchtest du in Gottes Hände legen? Zeichne es in diese Hände.

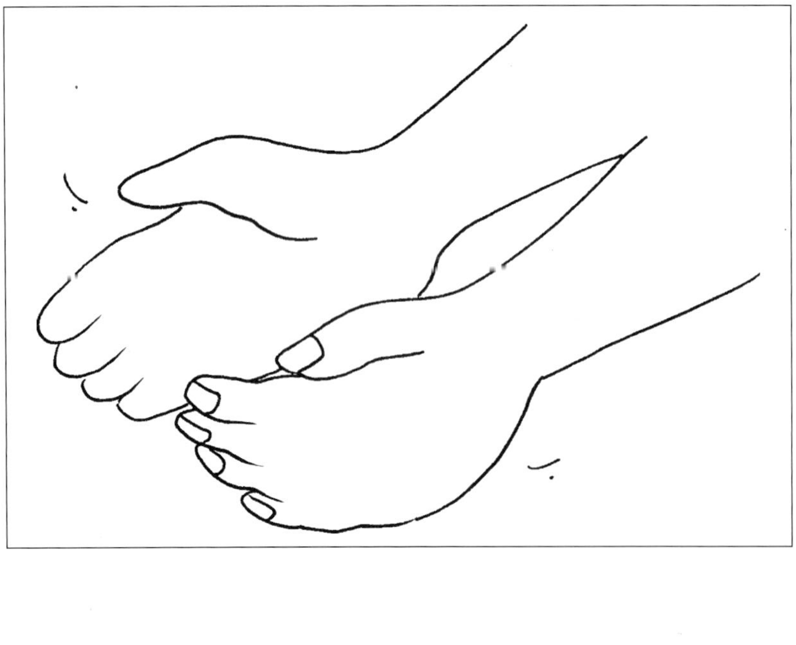

Mit Jesus unterwegs

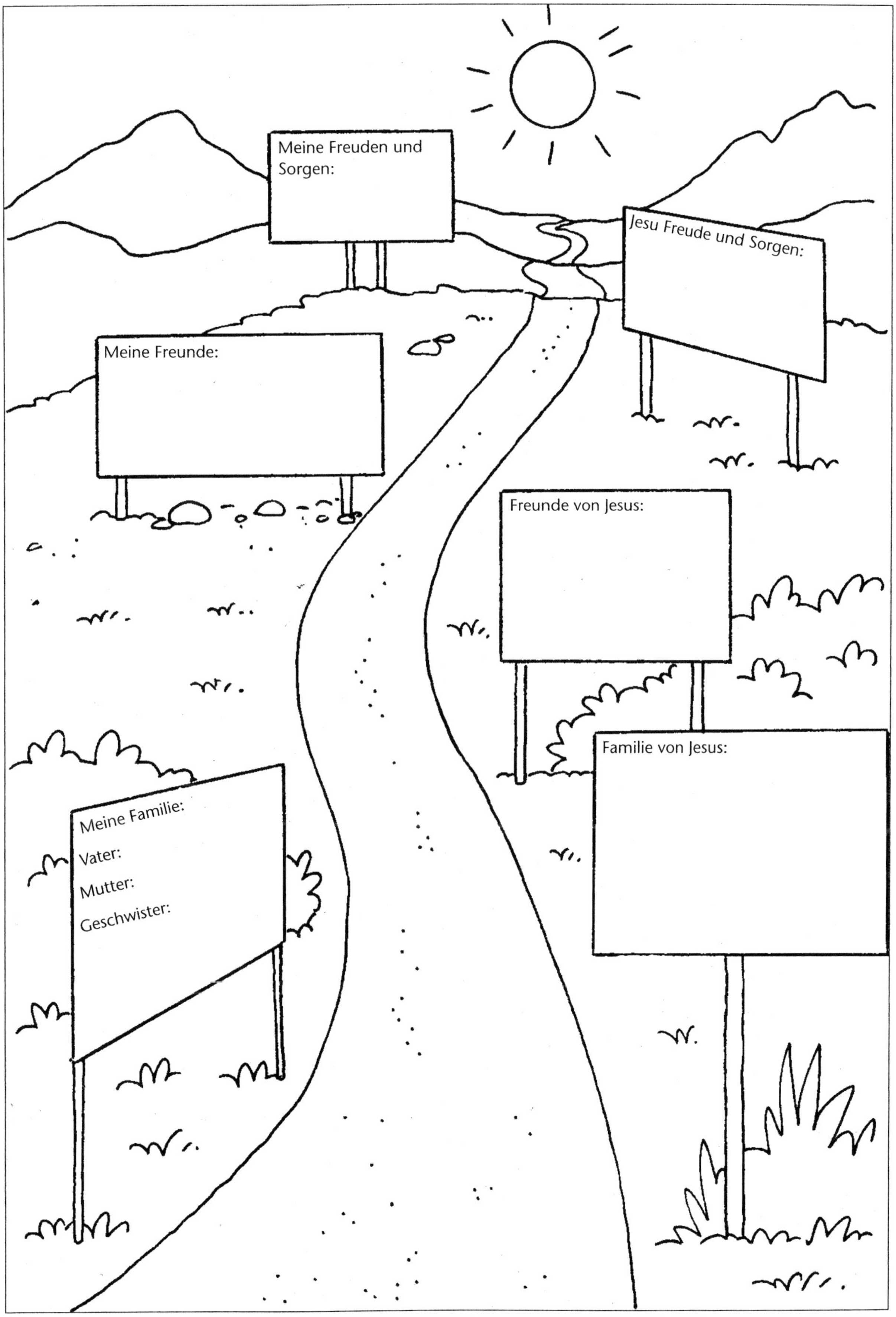

Mit Jesus unterwegs

3. Klasse

45 min

Arbeitsblatt

Die Schüler machen sich Gedanken zu ihrem Umfeld und zum Umfeld von Jesus.
Die Schüler erkennen, dass auch Jesus – wie sie selbst – eine Familie, Freunde sowie Sorgen und Freuden hatte.

Arbeitsblatt kopieren

- Der Lehrer bittet die Schüler, aufzustehen, sich einen Partner zu suchen und sich im Raum zu verteilen.
- Lehrer: „Erzählt einander, wer zu eurer Familie gehört, Vater, Mutter, Geschwister …"
- Die Schüler tauschen sich aus.
- Der Lehrer bittet die Schüler, weiterzugehen und sich einen anderen Partner zu suchen.
- Lehrer: „Erzählt einander, wer eure Freunde sind."
- Die Schüler tauschen sich aus.
- Der Lehrer bittet die Schüler, an ihren Platz zurückzukehren.
- Am Platz überlegen sich die Schüler jeder für sich folgende Fragen: „Was macht mir Freude? Welche Sorgen habe ich?"
- Der Lehrer teilt das Arbeitsblatt aus.
- Der Lehrer erklärt, dass dieser Weg ein Symbol für unseren Lebensweg ist: „Auf diesem Weg begleiten uns unsere Familien, unsere Freunde, aber auch unsere Freuden und unsere Sorgen."
- Als Sicherung schreiben die Schüler ihre Familie, Freunde, Freuden und Sorgen hin.
- Der Lehrer fährt fort: „Auch Jesus begleitet uns auf unserem Weg, er ist immer da für uns. Besprecht mit einem Partner, wer die Familie von Jesus war."
- Die Ergebnisse werden in der Klasse diskutiert und gesichert.
- Mit einem anderen Partner besprechen die Schüler, wer wohl Jesus Freunde waren.
- Die Ergebnisse werden in der Klasse diskutiert und gesichert.
- Mit wieder einem anderen Partner besprechen die Schüler, was wohl Jesus Freude machte.
- Die Ergebnisse werden in der Klasse diskutiert und gesichert.
- Mit erneut einem weiteren Partner besprechen die Schüler, was wohl Jesus Sorgen waren.
- Die Ergebnisse werden in der Klasse diskutiert und gesichert.
- Die Schüler machen (= zeichnen) sich selbst auf den Weg auf dem Arbeitsblatt.

- Familie von Jesus: Maria und Josef
- Freunde von Jesus: 12 Jünger; Lazarus, Maria und Marta; Maria Magdala; Frauen und Männer, die mit ihm unterwegs waren und die ihm zugehört haben; wir alle usw.
- Freude von Jesus: Begegnungen mit Menschen; von Gott Vater erzählen usw.
- Sorgen von Jesus: Ungerechtigkeit; Streit unter den Menschen usw.

Wundergeschichten

3./4. Klasse | 45 min | Arbeitsblatt

Die Schüler sind in der Lage, zwei Wundergeschichten von Jesus nachzuerzählen.

Arbeitsblatt kopieren

- Der Lehrer fragt: „Kennt ihr Wunder?“ Die Schüler erzählen.
- Der Lehrer fragt weiter: „Kennt ihr Wunder, die Jesus vollbracht hat?“ Die Antworten werden gesammelt und festgehalten.
- Der Lehrer teilt das Arbeitsblatt aus: „Hier habe ich zwei Geschichten von Jesus mitgebracht. Leider sind die beiden Texte durcheinandergeraten. Bitte markiert doch die beiden Geschichten mit unterschiedlichen Farben.“
- Die Schüler ordnen die beiden Geschichten.
- Beide Geschichten werden in der Klasse vorgelesen und besprochen.
- Der Lehrer gibt den Auftrag: „Zeichnet in die Rahmen von jeder Geschichte das, was für euch das Wichtigste ist, und gebt der Geschichte einen Titel.“
- Die Schüler zeichnen.
- Die Zeichnungen werden nachher miteinander betrachtet.

Definition von Wunder gemäß Duden: außergewöhnliches, den Naturgesetzen oder aller Erfahrung widersprechendes und deshalb der unmittelbaren Einwirkung einer göttlichen Macht oder übernatürlichen Kräften zugeschriebenes Geschehen, Ereignis, das Staunen erregt

<u>Brotvermehrung</u>

Jesus war in einer abgelegenen Gegend unterwegs und etwa 5000 Leute begleiteten ihn. Am Abend sagte Jesus zu den Jüngern: „Gebt den Menschen hier zu essen.“

Die Jünger fragten entsetzt: „Wie sollen wir das tun? Wir haben nur 5 Brote und 2 Fische hier und es sind so viele Leute.“

Jesus nahm die 5 Brote und die 2 Fische. Er blickte zum Himmel hoch, segnete dann die Speisen, brach die Brote und gab sie den Jüngern.

Die Jünger verteilten das Brot und die Fische. Alle aßen und wurden satt. Nach dem Essen wurden die übrig gebliebenen Brotstücke eingesammelt. Es waren 12 Körbe voll.

<u>Heilung eines Aussätzigen</u>

Draußen vor der Stadt lebte ein kranker Mann. Er war ein Aussätziger. Das heißt, er hatte am ganzen Körper Beulen und Geschwüre.

Niemand wollte etwas mit ihm zu tun haben, weil er ganz schrecklich aussah. Alle Leute mieden ihn und machten einen großen Bogen um ihn.

Eines Tages kam Jesus in die Stadt des Aussätzigen. Der Mann ging auf Jesus zu, warf sich vor ihm auf den Boden und flehte ihn an: „Hilf mir bitte! Wenn du willst, werde ich gesund.“

Jesus hatte keine Angst vor dem Aussatz. Er berührte den Mann und sagte: „Ich will, dass du gesund wirst. Werde rein!“.

Kaum hatte Jesus das gesagt, war der Mann wieder ganz gesund.

Wundergeschichten

Name: ____________________ Datum: ____________________

Hier sind die Sätze zweier Geschichten durcheinandergeraten. Markiere die beiden Geschichten mit unterschiedlichen Farben.

Draußen vor der Stadt lebte ein kranker Mann. Er war ein Aussätziger. Das heißt, er hatte am ganzen Körper Beulen und Geschwüre.
Jesus war in einer abgelegenen Gegend unterwegs und etwa 5000 Leute begleiteten ihn. Am Abend sagte Jesus zu den Jüngern: „Gebt den Menschen hier zu essen."
Niemand wollte etwas mit ihm zu tun haben, weil er ganz schrecklich aussah. Alle Leute mieden ihn und machten einen großen Bogen um ihn.
Die Jünger fragten entsetzt: „Wie sollen wir das tun? Wir haben nur 5 Brote und 2 Fische hier und es sind so viele Leute."
Eines Tages kam Jesus in die Stadt des Aussätzigen. Der Mann ging auf Jesus zu, warf sich vor ihm auf den Boden und flehte ihn an: „Hilf mir bitte! Wenn du willst, werde ich gesund."
Jesus nahm die 5 Brote und die 2 Fische. Er blickte zum Himmel hoch, segnete dann die Speisen, brach die Brote und gab sie den Jüngern.
Jesus hatte keine Angst vor dem Aussatz. Er berührte den Mann und sagte: „Ich will, dass du gesund wirst. Werde rein!".
Die Jünger verteilten das Brot und die Fische. Alle aßen und wurden satt. Nach dem Essen wurden die übrig gebliebenen Brotstücke eingesammelt. Es waren 12 Körbe voll.
Kaum hatte Jesus das gesagt, war der Mann wieder ganz gesund.

Zeichne in diese Rahmen das Wichtigste beider Geschichten.

____________________ ____________________